超訳 論語

The Analects of Confucius

「人生巧者」はみな孔子に学ぶ

田口佳史
Yoshifumi Taguchi

JN072643

三笠書房

はじめに

〝天井知らず〟で生きる知恵を授けてくれる稀代の書

「いつ読んでも、どこから読んでも、生きる道標《みちしるべ》となる言葉にぶつかる」

論語を読むたびに、私は感動を新たにする。

なぜなら、生きていくうえで一番大切な問題――「人間とは何か」について鋭く切り込み、一人ひとりの人間が内包するさまざまな要素を余すところなく描き切っているからだ。

「人間の本質をえぐる稀代の書」

といっていい。

人生とは、たとえるなら人の往来が激しいスクランブル交差点を渡るようなもの。四方八方から非常にたくさんの人が押し寄せるように、人生でもさまざまな出来事に次から次へと遭遇する。

そういうときに無策だと、あっちにぶつかり、こっちにぶつかり、最悪の場合は転んでケガをするなどして、なかなか〝向こう岸〟に渡れない。

どうすれば少しでも早く、目標地点に到達できるか。そのためには、向かってくる人々の心情や動きを観察し、また起こりうることを予測しながら進んでいく必要がある。

論語はその指南書であり、〝転ばぬ先の杖〟となって私たちを導いてくれる。


いかに障害を察知して行動するか。

いかに諍《いさか》いを起こさずに、いい人間関係を築いていくか。

いかに状況に左右されず、常に心穏やかに豊かに暮らしていくか。

いかに立派な人間に成長していくか。


論語の言葉は、人生のありとあらゆる場面に応じて、適切な、心に響くヒントを与えてくれる。まさに「打てば響く」ように、いい言葉が返ってくるのだ。

ではなぜ、孔子は〝人生の達人〟になりえたのか。二千五百年以上経ったいまにも通用する教えを、私たちに授けることができるのか。

それは、孔子自身が貧しい生まれで、大変な苦労をした人物だからだ。

学びに目覚めたのは、ようやく十五歳くらいのこと。そこから学んで、学んで、学び続けた。なかなか政府の要職につけないなど、数々の辛酸をなめながら、道をはずれることなく生き抜いた。そして後世に、釈迦、ソクラテスと並ぶ「世界の三大聖人」とまで讃《たた》えられる存在になった。

だから、**孔子は大変なリアリスト**である。社会のなかにいながらにして社会を客観して、「現状を少し改善すればいい。もっと生きやすくなるし、人間関係ももっとスムーズにいく」と助言する。

私は経営アドバイザーとして、これまで二千社を超える企業の指導を行なってきたが、「論語を軸にした仕事論・人生論を説いてほしい」という要望は非常に多い。それだけ、**現代のビジネスパーソンにとって有用な教えが詰まっている**ということだろう。

また論語で特筆すべきは、**「自己向上を目指す人に天井知らずで生きる知恵を授けてくれる書」**である、ということだ。

論語全篇に込められた孔子のメッセージは、

「向上心を持ち続けなさい。そうすれば、よりよい人生も、立身出世も、ビジネスの成功も、結果として手に入る」

ということである。

仕事・経営への取り組み方、自分の長所を磨き上げる努力、そしていい人間関係を築く工夫など、**論語の教えを仕事、日常生活に応用して成功した代表が、渋沢栄一**である。その生涯に関わった企業は約五百を数えるといわれ、「日本資本主義の父」と評されることも多い。渋沢は論語を片時も離さず、なめるようにして読み、その教えを実践していった。

本書は「学而《がくじ》」に始まり、「為政《いせい》」「八佾《はちいつ》」「里仁《りじん》」「公冶長《こうやちょう》」「雍也《ようや》」「述而《じゅつじ》」「泰伯《たいはく》」「子罕《しかん》」「郷党《きょうとう》」「先進《せんしん》」「顔淵《がんえん》」「子路《しろ》」「憲問《けんもん》」「衛霊公《えいれいこう》」「季氏《きし》」「陽貨《ようか》」「微子《びし》」「子張《しちょう》」

「堯曰《ぎょうえつ》」と続く、全二十篇のなかから、選りすぐった論語を超訳した。〝通読感〟を楽しむとともに、一つひとつの言葉を味わい尽くしてほしい。

論語には、仕事や人生の指針となる教え、座右の銘となる言葉が満載なので、孔子があなたに直接語りかけていると思って読んでいただきたい。

大きく打てば、大きく響く――。論語は真剣に読めば読むほど、見返りが大きくなることを請け合おう。

田口佳史

目次

学而《がくじ》第一
私たちは、なぜ学ぶのか

為《い》政《せい》第二

賢い人の考え方、愚かな人の考え方

八佾《はちいつ》第三

もっと「器の大きな人」になる

里《り》仁《じん》第四
結局、「仁」とは何なのか？

理

それは「道理」にかなっているか

公冶長《こうやちょう》　第五

雍也《ようや》第六

人生、「楽しむこと」にまさるものなし

四

十年後、明るい未来が待っている人

述而《じゅつじ》第七

泰伯《たいはく》第八

「自己向上」に終わりはない

子罕《しかん》第九

あなたは必ず変わることができる

郷党《きょうとう》 第十
振る舞いには「すべて」が表れる

先進《せんしん》第十一

いつも慎重であれ、丁寧であれ

顔淵《がんえん》第十二

〝克己復礼〟の輪を広げていく

子《し》路《ろ》第十三

人を動かす極意

憲問《けんもん》第十四
「道」を踏み外さないために

衛霊公《えいれいこう》第十五
人生には「責任」がつきまとう

季氏《きし》第十六

ここを戒めよ!

天

人の天性には差がない

陽貨《ようか》第十七

微《び》子《し》第十八

こんな国、社会、組織にするな

子《し》張《ちょう》第十九

改めるべきこと、改めざるべきこと

論

堯曰《ぎょうえつ》第二十

論語の精神、ここにきわまれり

本文内の書き下しはすべて『新釈漢文大系〈1〉論語』（明治書院）を出典としています。
本文偶数ページの算用数字は右の出典に付されている通し番号です。

編集協力◎千葉潤子／岩下賢作

登場人物

孔子《こうし》――春秋時代末期の思想家。儒家の始祖
孔子と弟子たちの言行をまとめたものが『論語』

曾子《そうし》――孔子の弟子

子貢《しこう》――孔子の弟子

子張《しちょう》――孔子の弟子

桓公《かんこう》――魯《ろ》国の君主

王孫賈《おうそんか》――衛《えい》国の大夫

公冶長《こうやちょう》――孔子の弟子

子賤《しせん》――孔子の弟子

冉雍《ぜんよう》――孔子の弟子。仲弓《ちゅうきゅう》ともいう

宰予《さいよ》――孔子の弟子。宰我《さいが》ともいう

申棖《しんとう》――孔子の弟子

顔回《がんかい》――孔子の弟子。顔淵《がんえん》ともいう

孟之反《もうしはん》――魯国の大夫
子路《しろ》――孔子の弟子
季歴《きれき》――殷《いん》王朝時代の周の首長
泰伯《たいはく》――季歴の兄
虞仲《ぐちゅう》――季歴の兄
文王《ぶんおう》――季歴の子。周《しゅう》王朝の基礎をつくった君主
武王《ぶおう》――文王の子。周王朝の創始者
孟敬子《もうけいし》――魯国の大夫
南容《なんよう》――孔子の弟子
閔子騫《びんしけん》――孔子の弟子
陽虎《ようこ》――魯国の政治家。陽貨《ようか》ともいう
子羔《しこう》――孔子の弟子
司馬牛《しばぎゅう》――孔子の弟子
子夏《しか》――孔子の弟子
孟荘子《もうそうし》――魯国の大夫

学《がく》而《じ》第一

私たちは、なぜ学ぶのか

Gakuji

學《まな》びて時《とき》に之《これ》を習《なら》う、
亦説《またよろこ》ばしからずや。

人生は学びだ。忍耐強く繰り返し学ぶなかで身につけたことを実践しながら、人生に生かす。それにまさる悦びはない。

（学而第一／1）

知識・技術を身につける唯一の方法

もしあなたが学ぶことを「おもしろくない」「苦痛なだけだ」と感じているとしたら、それは「学んだことを人生に生かそう」という意識が薄いからだ。いうなれば「学びっ放し」。せっかく得た知識も行き場を失う。そこに「悦び」があるはずはない。

学びで大切なのは、何度も繰り返し「習う」こと。「習」の字は「羽」に「白」と書く。これは、まだ羽の色づいていない幼い鳥が、命がけで何万回と飛ぶ訓練をする様を表す。反復練習こそが知識・技能を習得する唯一の方法であることを表している。

「習う」といっても、単に同じことを繰り返し学ぶだけではない。その学びのなかで得たものを、人生のさまざまな場面で何度も何度も忍耐強く実践することが眼目だ。そうして学びが人生に生かされて初めて、「学びの悦び」を噛みしめることができる。

この論語を英訳すると、

「Is it not pleasant to learn with a constant perseverance and application?」

忍耐強く学び実践することをおいてほかに悦びはないのである。

朋《とも》、遠方《えんぽう》より來《きた》る有《あ》り、
亦《また》樂《たの》しからずや。

机を並べてともに学んだ旧友、志を同じくする朋友はかけがえのない存在だ。時を越え、距離を越えてもなお、温かで刺激的な心の交流を続けたい。

（学而第一／1）

友と「忘年・忘形の交流」を楽しむ

同窓会などで何十年ぶりかで友人と顔を合わせたとき、一瞬にして互いを隔てていた時間や距離が吹き飛ぶものだ。それほどに、机を並べて学んだ友や、志を同じくして語り合った友、一つのことにいっしょになって夢中で取り組んだ友、若いがゆえに暴走して赤っ恥をかき合った友との結びつきは強い。

忘年、忘形――年齢も世間的な地位・肩書も、いまある状況とは関係なく、互いがまだ何者でもなかった昔に戻れる。同期にはそんなよさがある。

しかし、これは何も同期に限ったことではない。**学びの前では、誰もが平等、公平。**私の講義に集う生徒たちは、下は高校生から上は八十歳まで、みんなが「忘年・忘形の交流」を楽しむ友である。

そういう「掛け値なしの生涯の友人」が不意に訪ねてきたら、孔子は「何をおいても、無条件に歓待しなさい」といっている。彼らとともに過ごす時間ほど貴重なひときはないのだから。

人《ひと》知《し》らずして慍《うら》みず、
亦《また》君子《くんし》ならずや。

学ぶ目的は、自分を高め、立派な人間になること。人に自慢したり、人から褒められたりするためではない。評価されないからといって、怨みに思うのは、学びの本筋からはずれている。

（学而第一／1）

全エネルギーを「自己向上」のために

ビジネスパーソンの多くが、周囲に評価されたい、自分の能力を認めてもらいたい、という一心で学び、仕事をしているのではないだろうか。だから思い通りにいかないと、大きく落ち込み、悩んでしまうのだ。

しかし、それは間違い。**「人は誰のためでもない、自分のために学ばなければいけない」**と孔子はいう。学びの本質をズバリ、いい表した言葉である。

「自分のため」といっても、自分が出世したり、たくさんお金を儲けたりすることを目的とするわけではない。ただひたすら立派な人間になることを目指して自身を向上させ、その能力を世のため人のために発揮することにつなげる。自己中心的どころか、利他的な考え方があっての「自分のための学び」である。

評価されないことを怨んだり、自分の能力をアピールしたりすると、自分の持てるエネルギーが外側に向けて浪費されてしまう。そうではなく、持てるエネルギーはすべて自分の内側に注ぎ、自己向上のために使うことこそが大切なのだ。

其《そ》の人《ひと》と爲《な》りや、孝弟《こうてい》にして上《かみ》を犯《おか》すことを好《この》む者《もの》は鮮《すくな》し。

社会秩序を支えているのは「人の心」である。何か問題が生じたときは、法やルールをつくったり、罰を与えたりすることよりも、当人の心を問うことのほうを先決にせよ。

（学而第一／2）

「心の状態」に注意せよ

企業スキャンダルが相次ぐ昨今、記者会見などでよく聞かれるのが、「これからはコンプライアンスの検証・強化に努めてまいります」という言葉だ。

あたかも法令や社会規範、企業倫理がきちんと守られていないから、不祥事が起きたといわんばかりである。

そうだろうか。孔子はコンプライアンス以前の問題として、「社員の心が乱れているからではないのか」と問いかける。「何よりもまず、社員がどういう気持ちから不祥事を起こしてしまったのかを問え」と、社会秩序の根本を「人の心」に据えているのだ。

このくだりで「親孝行で、年上の者を敬う心のある人は、社会の秩序を乱すことは少ない」としているように、秩序を整えるためにもっとも重要なのは、礼にかなった行動を取る心である。

上に立つ者はだから、常に「部下の心を問う」ことを心がけたい。「成果をあげろ」などと号令をかける前に、部下がどういう心で働いているかを見極める必要がある。

君子《くんし》は本《もと》を務《つと》む。本立《もとた》ちて道生《みちしょう》ず。

物事の根本に立ち返ると、道理・道義が明確になる。それによって悪い流れを断ち切り、正しい道を突き進んでいくことができる。

（学而第一／2）

問題の「本質」を見極める

大変なトラブルが起きたとき、人は誰しもちょっとしたパニックに陥《おちい》るものだ。結果、頭が真っ白になって何も手につかない。目についた問題に次々と手を出して、収拾がつかなくなる。あるいは自分の評価を落とすまいと、責任逃れや事実の隠蔽《いんぺい》に走る。いずれにせよ、ろくなことにならない。

そのいい例が、三・一一の原発事故の際に政府が取った対応だろう。根本はなんとしてでもメルトダウンを起こさせないことにあったのに、指揮官が目の前で起こる現象の枝葉末節《しようまっせつ》に振り回されたばかりに最悪の事態を招いてしまった。

大きなトラブルに見舞われたときほど大事なのは、根本に立ち返って、冷静に事態を把握し、**問題の本質を見極める**ことだ。そうすれば、道理・道義が見えてきて、どう対応するのが一番いいかを考えたうえで行動することが可能になる。

枝葉末節にこだわらずに根本を見つめ、道理にかなった最善の策を講じる。それができて初めて、悪い方向への流れを断ち切り、いい流れを生み出すことができるのだ。

巧言令色《こうげんれいしょく》、鮮《すくな》いかな仁《じん》。

何事も真心を込めて取り組まなければいけない。表面だけ取り繕《つくろ》おうとする人は覚悟が足りない。

（学而第一／3）

本物か偽物かはここでわかる

私は教師を養成する仕事に関わる際、必ずトイレ掃除をやらせるようにしている。その様子を見るだけで、その人がどの程度の人物なのかがわかるからだ。

なかなかできた人物だと感心する人は、こんなふうに掃除をする。まず上着を脱いで腕まくりをし、やにわに便器にゴム手袋をつけた手を突っ込み、きれいに洗い上げる。次に、這いつくばって、雑巾で床を隅々まで拭く。

簡単なことだが、ここまでやる人は少ない。たいていは身支度も整えず、便器をブラシで軽くこすり、床をなでるようにモップをかけて、おしまいにしようとする。そういう姿を見ると、「巧言令色、鮮いかな仁とはよくいったもの。上っ面だけきれいにしてヨシとするなど、大した人物ではないな」とガッカリする。

「仁」が意味することの一つは、真心を込めて誠心誠意、物事に取り組むこと。トイレ掃除のような、誰もがいやがる仕事をやらせてみると、やるべき仕事に対してどのくらい覚悟を決めているかが如実に見てとれる。

吾《われ》日《ひ》に吾《わ》が身《み》を三省《さんせい》す。

事あるごとに自身の振る舞いを省みて、よくない感情をなくしていきなさい。自己反省なくして、自身の向上はない。

（学而第一／4）

「自責」に徹した生き方を

私は三十代でうまくいかない苦労、四十代でうまくいき過ぎた苦労を味わった。いずれの場合も、とうとう行き詰まったある日、朝から晩まで喫茶店にこもり、「なぜこうなったのか」を紙に書き出し、とことん考え抜いた。

最初のうちは「誰々が悪い、時代が悪い、社会が悪い」と他者を責める言葉のオンパレードだったが、やがて「それは違う」と気づいた。すべては自分が引き起こしたこと。「他責」にすること自体が自分の弱点であることに思い至った。そういう視点を得たとき、挽回策が見えてきた。他者に対する妬み、嫉《そね》み、怒り、傲慢などのよくない感情をなくし、「私」を主語にして行動しようと決めたのだ。

そうして**「自責に徹した生き方」**に変えたときから、よくない感情が心に渦巻くことが減り、人生が好転した。

孔子の弟子である曾子《そうし》の右の言葉通り、「三省」は毎日行なうにしたことはない。向上心を錆《さ》びつかせないためにも、励行《れいこう》されたし。

學《まな》べば則《すなわ》ち固《こ》ならず。

学べば学ぶほど、経験を積めば積むほど、思考も態度も柔軟になっていくのが本来の姿。ガンコになるようではまだまだ未熟といわざるをえない。

（学而第一／8）

どんどん「新しいもの」を取り入れる

ベテランの域にさしかかる四十代、五十代になると、ガンコになっていく人が少なくない。これまで積み上げてきた実力や成果、経験をよりどころに、自分の考えを変えるのは屈辱だとばかりに押し通そうとする。

そんなふうでは、「あの人は結局、自分のやり方・考え方しか認めないんだから、何をいってもムダだ」と思われ、周囲の人たちは遠ざかる。情報も入らなくなってしまう。さらに経験を積んでいく道を自ら閉ざすことになるのだ。

学びは一生。いいかえればそれは、**いくつになっても、さまざまな人の意見に耳を傾け、新しい情報をどんどん取り入れながら経験を積み上げていく**ことである。ガンコになった瞬間に、枯木への道を歩むしかない。なんと寂しい人生か。

ベテランが目指すべきはガンコより剛毅《ごうき》。意志は強く物事に屈しないが、自分と異なる考え方に出合っても、ガンコにならず、そちらのほうがよいと判断すれば「それ、おもしろいね。やってみよう」といえるようでないといけない。

過《あやま》ちては則《すなわ》ち改《あらた》むるに
憚《はばか》ること勿《な》かれ。

間違いがあれば、潔く認めて改めるまでのこと。これをいやがると、そこで成長はストップする。

（学而第一／8）

「最後に勝つ人」の絶対ルール

競争で重要なのは、勝つか、負けるかではない。むしろ、自分より優れた者、自分の能力ではまだ足りない難しい仕事にあえて挑戦し、負けることを経験したほうがいい。

なぜなら、負けることによって、自分には何が足りないか、自分の考え方・やり方のどこが間違っていたのかが明確になるからだ。そこがわかれば、自分を強化し、成長させていくことができる。

負けを繰り返すことで、しだいに将来の勝ちに近づいていく、といってもいい。

だから、仕事で間違いがあったり、失敗をしたりしても、へこたれることはない。

それを糧《かて》に成長していこうと奮い立つことにこそ、競争の醍醐味があるのだ。

終《おわり》を慎《つつし》み遠《とお》きを追《お》えば、
民《たみ》の徳厚《とくあつ》きに帰《き》す。

将来を見据えていないと、いまのことに汲々とするしかなくなる。大事なのはいまを将来につなげることである。

（学而第一／9）

今日一日を「未来への糧」に

将来は過去の延長線上にある。先を見通すためには、過去を丹念に調べることも必要だ。しかし振り返ってばかりではしょうがない。「過去があるから、いまがある」と認識したうえで、さらに、

「今日は過去の終わりの日。しかも将来のスタートの日でもある」

と捉えてみてほしい。遠い将来のことを考える気持ちになるだろう。

そうして過去の延長線上にある将来を見据えて、人生計画を立てる。その瞬間、自分の人生の過去・現在・将来を結ぶハイウェイができる。それによって現在の窮状のなかで見失っていた、あるいは過去に置き去りにして忘れていた目標が見えてきて、いま何をなすべきかがわかる。

この視点を忘れずに生きていけば、先が見えずに思い悩むことはなくなるはずだ。

禮《れい》の用《よう》は和《か》を貴《とうと》しと為《な》す。

人に対しては礼儀正しく、争うことなく和やかに接しなさい。

（学而第一／12）

誰にでも礼儀正しく和やかに

「あの人に会うと、いつも不思議と和《なご》やかな気持ちになれるんですよ」

周囲からそんなふうにいわれる人は、**人との「和」を大切にしている。**

そういう人は誰かと対立して争うこともないし、非礼・無礼な振る舞いをすることもない。孔子はそう諭している。

繰り返し「礼」について説く論語のなかで、ここは礼を他人に示すときの注意をいっているのだ。温かい心をもって、和やかに、心から示すべきが礼である。

「礼儀正しい」といっても、形式張っていて堅苦しい態度ではむしろ「慇懃《いんぎん》無礼」になってしまう。和やかななかにも適度な折り目正しさを忘れないこともポイントである。

事《こと》に敏《びん》

たとえば、疑問点が出てきたら、すぐに調べる。何事につけ「すぐやる」ことをモットーとしなさい。

（学而第一／14）

「すぐやる力」で成長する

やるべきことをつい先延ばしにする、というのはよくあることだ。やりたくないから、もしくは面倒だから、後回しにしたくなるのだろう。

そんなときは「事に敏!」と、自分に号令をかけるといい。やるべきことはすぐやると決めれば、仕事はどんどん片づく。その分だけ、多くの仕事ができるようになり、経験値も上がっていく。

とりわけよくないのは、わからないことを「後で調べよう」とすること。何を調べるのかはすぐに忘れ去られ、「後で」はいっこうにやってこない。結果、わからないことをわからないまま放置することになる。

それは非常にもったいない。せっかくの学習の機会を放棄したに等しいではないか。いまはたいていのことなら、すぐにスマホで検索して調べることができるのだから、その機能を使わない手はない。調べる手間を惜しまないよう心がけたい。

未《いま》だ貧《まず》しくして樂《たのし》み、
富《と》みて禮《れい》を好《この》む者《もの》には
若《し》かざるなり。

貧しくても心豊かに日々を楽しむ。金持ちに
なっても礼儀をわきまえて謙虚に振る舞う。
そんな生き方が一番すばらしい。

（学而第一／15）

「お金いらずの楽しみ」を見つけよ

ここで重要なのは、「貧しくして楽しむ」というところ。現代人は必要以上に貧しさをおそれ、日々を楽しく過ごすことのすばらしさに目を向けようとしない傾向がある。

では、どうすれば「貧しくても楽しむ」ことができるのか。江戸時代の儒学者、貝原益軒《かいばらえきけん》の書いた『養生訓』の一節に、そのヒントが提示されている。

「ひとり家に居て、閑《しずか》に日を送り、古書をよみ、古人の詩歌を吟《ぎん》じ、香をたき、古法帖を玩《もてあそ》び、山水をのぞみ、月花をめで、草木を愛し、四時の好景を玩び、酒を微酔《びすい》にのみ、園菜を煮るも、皆是《これ》心を楽ましめ、気を養ふ助なり。貧賤の人も此《この》楽つねに得やすし。もしよく此楽をしれらば、富貴《ふうき》にして楽をしらざる人にまさるべし」

このように、お金をかけずとも、心が豊かになる楽しみごとはたくさんある。「今日は楽しかったね」と思える毎日を重ねられれば、貧しさは楽々乗り越えられる。

貧しさをおそれる暇があったら、心が豊かになる暮らし方をいろいろ工夫したほうがいい。人生の幸せにおそれは無用である。

詩《し》に云《い》う、切《せっ》するが如《ごと》く、
磋《さ》するが如《ごと》く、琢《たく》するが
如《ごと》く、磨《ま》するが如《ごと》しとは、
其《そ》れ斯《これ》を之《こ》れ謂《い》うか。

先生のおっしゃるすばらしい生き方とは、『詩経《しきょう》』に「切磋琢磨」とあるように、心を磨くということですね。

（学而第一／15）

「ひとり切磋琢磨」のすすめ

ここは、前段の孔子の言葉を受けて、弟子の子貢《しこう》が語ったところ。『詩経』の教えを引いたことで、孔子は「わかってるじゃないか、君」と喜んでいる。先生の教えを先回りして受け答えをしたことを評価したのだ。「打てば響く」ような言葉が返ってくる生徒というのは、大変頼もしいものである。

それはさておき、ここで注目したいのは「切磋琢磨」という言葉。「切」はナイフで切り出すこと、「磋」はやすりなどで削ること、「琢」はのみで叩くこと、「磨」は砂などで磨くことを意味する。ようするに、こういった工程を経て宝石が美しく磨かれてゆくことを表している。立派な原石も磨かなければ宝石にならない。

いまはおもに「ライバルが互いに励まし合いながら、知識や技術を磨いていく」ときに使うが、必ずしもライバルがいなくてもいい。**学問や道徳に励んで人間性を育み、自分を美しく磨いていくこと自体が「切磋琢磨」**なのだ。どんな状況にあっても、「切磋琢磨」に生きる醍醐味を見出すことが大事である。

賢

為《い》政《せい》第二

賢い人の考え方、愚かな人の考え方

Isei

賢

政《まつりごと》を為《な》すに徳《とく》を以《もつ》てするは、譬《たと》えば北辰《ほくしん》の其《そ》の所《ところ》に居《い》て、衆星《しゆうせい》の之《これ》に共《きよう》するが如《ごと》し。

北極星を中心に星々が回るように、組織にあっては「長」のつく役職にある者が部下たちの精神的支柱にならなければいけない。

（為政第二／17）

上司は〝指針〟であれ

「東洋のリーダーシップ」とは、と問われて、よく示すのが右の言葉だ。白馬にまたがり、「俺についてこい」と先頭を切っていくのが、西洋のリーダーシップ。これに対し、どっかと座って、身動き一つなく見守り続けるリーダー。安心の象徴だ。その姿はまるで「北辰」、つまり北極星のよう。これが東洋流の大将の在り方だ。

北極星は不動の星である。旅人が北極星を目印に道を行くように、**組織の長たる人間は部下たちの指針であらねばならない**と、孔子はいう。部下が悩んだり、迷ったりしたときに「どうか指針を示してください」と慕う存在、それが上司なのである。そうなるために必要なのが「徳」——自己の最善を他者に尽くし切ることだ。そんな利他の精神を持った上司は、間違いなく部下に慕われる。

賢

思《おもい》邪《よこしま》無《な》し。

上からの教えには、素直に耳を傾ける。そういうまっすぐな心を持った人は必ず伸びる。

（為政第二／18）

アドバイスの「選り好み」はしない

教えられたことをどんどん吸収して、力を伸ばしていく様をたとえて、「真綿が水を吸うように」などということがある。

真綿は、水を選り好みすることはない。泥水であれ、清水であれ、どんな水でも吸収し、その水分でどんどん身を大きくしていく。

この場合の「真綿」は「素直な心」と捉えるといい。たとえば上司から何か教えられたとき、どんな内容であれ、とにかく受け入れてみることが肝要だ。

「お言葉ですが、私はこう考えます」とか「どうしてそんなことをしなければいけないのか、意味がわかりません」といった受け答えをしてはダメ。**「はい、わかりました！」と素直に聞き入れ、教え通りにやるのみ**、である。もちろん、すべての教えが有効であるとは限らないが、うまくいかないとわかることもまた収穫なのだ。

「野球選手に理屈は不要。素直な心ですべてを吸収しようとする選手ほど伸びる。コーチのしがいがある」――巨人軍でV９時代を築いた川上哲治監督の名言である。

賢

之《これ》を道《みちび》くに政《まつりごと》を以《もっ》てし、之《これ》を齊《ととの》うるに刑《けい》を以《もっ》てすれば、民《たみ》免《まぬか》れて恥《は》ずる無《な》し。

法律には〝抜け道〟がある。どんなに整備しても、法の網をかいくぐって悪事を働き、罰から逃れようとする者が出てくる。組織は法よりも徳、罰よりも礼をもって人心を律するべきである。

（為政第二／19）

「ルールで縛る組織」は失敗する

現代社会には、多くの法律、規制、制度が存在する。それらを破った者に対しては、刑罰が科される。それで社会はよくなるのか。孔子は「否」という。

問題は、法や規制には必ずといっていいほど、罰を逃れる〝抜け道〟があることだ。そこから「法にひっかかりさえしなければ、何をやってもいい」「規制すれすれなら、罰則が与えられることもない」という風潮ができてしまう。そうなると今度は、法や規制をもっと厳しくしていくわけだが、まさに〝いたちごっこ〟である。

つまり社会のためにつくった法と罰には、皮肉にも厚顔無恥な人間を育ててしまうという側面がある。いまの日本は、まさにそういう状況に陥っているといえそうだ。

そうならないようにするためには、**組織がしっかり道徳的規範を示し、「ルール違反に当たらなくとも、悪いことは悪い」と人々を指導していく必要がある。**

右の言葉は、「之」を「わが社」に換えて読み解いていただきたい。リーダーの役割が見えてくるはずだ。

賢

三十《さんじゅう》にして立《た》つ。

三十にもなってまだ親がかりで生活しているようでは情けない。一日も早く自活しなさい。

（為政第二／20）

「自立」せよ！

「吾十有五《われじゅうゆうご》にして學《がく》に志《こころざ》す」から始まるこの有名なくだりは、孔子が七十二年の人生をどう生きたかを示すものである。後世の人々に「三大聖人」と崇められた孔子は、若いころは非常に貧しく、食べていくので精いっぱい。「十五で学問に目覚めた」ものの、現実にはなかなか教養を身につける余裕はなかったようだ。

重要なのは「学問に励んだ結果、**三十歳に至って、自己を確立することができた**」というところ。「三十歳」という年齢はさほど重要ではなく、「遅くとも三十歳までには」と読むといいだろう。

現代は、いつまでも親がかりで、自立していない若者が多すぎる。本来なら三十歳ともなれば、仕事面ではそろそろリーダー的な存在になっていくことが求められるし、私生活にあっては結婚して子どもを持つなどして「自分自身の家庭」という生活基盤を形成するときでもある。人間としてトータルに「立つ」ことを目指していただきたい。三十歳を待つまでもなく、自立は早ければ早いほどいいことをいい添えておく。

賢

五《ご》十《じゅう》にして天命《てんめい》を知《し》る。

天のはからいがあって、同時に周囲に助けられていまの自分がある。五十になったら、そのことを肝に銘じ、天と他者に感謝しなさい。

（為政第二／20）

「天命」とは何か

「四十《しじゅう》にして惑《まど》わず、五十《ごじゅう》にして天命《てんめい》を知《し》る」

孔子は自身の四十代、五十代をこのように表現している。

では「天命」とは何か。自分の生まれながらの天性、天分を生かして、天から与えられた使命を果たすことが天命なのである。私たちがいま生きていること自体が、天からの「なすべきことをやって生きていきなさい」というメッセージだ。

自分の天性がわからない人は、親にどんな子どもだったのかを聞いてみるといい。私自身、母に尋ねて、地図を描くのが好きな子どもだったことを知り、「中国古典の勉強を重ねて身を立てる」という天命が見えてきた。というのも、中国古典の勉強では、詳細な地図を描くように、原典を一字一句、辛抱強く読んでいくことが必要だからだ。

何歳であれ、迷いなく**「これで自分は生きていく」というものが確立されたら、それを天命と捉えるといい。**と同時に、自分を生かしてくれている天と、自分を陰に陽に助けてくれる周囲の人たちに感謝する。それが天命を知った人の生き方である。

賢

七十《しちじゅう》にして心《こころ》の欲《ほっ》する所《ところ》に従《したが》えども、矩《のり》を踰《こ》えず。

愉快に気楽に暮らしていながら、意識せずともはた迷惑になるようなことはしない、いわない。そんな境地に達すればこそ、七十年生きた甲斐があるというものだ。

（為政第二／20）

人生の成功は「老境」に表れる

七十年の人生の集大成を、孔子はこう締めくくる。「自由奔放に、欲望のままに生きても、周囲に迷惑をかけることもなく、人として間違った言動も取らない、そんな境地に達することができたとき、人生の成功が手に入る」と。

この反対をいくのが、近ごろ一種の社会問題となっている「暴走老人」だろう。年齢を伝家の宝刀のごとく振りかざし、やたらクレームをつけたり、若い者を怒鳴りつけたり、傍若無人な振る舞いをする老人たちだ。

そんなふうでは年を重ねてきた意味がない。厳しい言い方だが、七十年近くも生きて、何を学んできたのか、という話である。

生涯を通して学び続け、なお向上心を持って生きてきた老人は、よりよく生きるための知恵を豊富に有している。すべての経験・知識が自分のなかで整理されていて、だからこそ自分を客観視できるし、絶妙なさじ加減をきかせながら自由を満喫できる。

そんな老境に人生の成功を求めるのはすばらしいと、私は思う。

賢

子夏《しか》孝《こう》を問《と》う。子《し》曰《いわ》く、
色《いろ》難《かた》し。

形だけの親孝行をしてもしょうがない。晴れやかな表情で孝行することが大切なのだ。

（為政第二／24）

親には「上機嫌」で接する

弟子たちが孝行の意味を問うとき、孔子の教えは一様ではない。たとえば「礼をもって接することだよ」「健康状態を心配してあげることだよ」など、孝行のさまざまな側面を示している。なかでも秀逸なのが、この「色難し」の一言だ。「表情が大事なんだ」という視点がすばらしい。

親のために何かしてあげても、いやいやだったり、見返りを期待していたり、恩着せがましかったりすると、親には本心がバレバレなのである。「なんだか不機嫌だな」「何か下心がありそうだな」「感謝しろといわんばかりだな」などとかえって負担に感じ、せっかくの孝行もありがた迷惑になってしまう。

人には〝機嫌の波〟があるので、孔子がいうように**「いつも晴れやかな表情で親に接する」**のは難しいことではあるが、意識して上機嫌を保つよう努めたい。いまの気分は脇に置いて、一心に「親の力になりたい」「親の喜ぶ顔が見たい」と思って接することがポイントである。

賢

故《ふる》きを温《あたた》めて新《あたら》しきを知《し》れば、以《もっ》て師《し》為《た》る可《べ》し。

古典は何度も何度も読んで初めて、自分の血となり、肉となる。やがて新しい自分を発見することもできるだろう。

（為政第二／27）

古典は「血肉」となるまで読み込む

「温故知新」という四字熟語で有名なこのくだりは、「温めて」がポイント。スープを長時間煮込んで、肉も野菜もとろとろになって溶け合う様を表す。つまり、スープをとろとろ煮込むように、**古典を繰り返し読みなさい**、ということだ。

そうすれば古典が自分の血肉となり、現代に、いまの自分に応用できるようになる。古典が単なる古い書物ではなく、現代をよりよく生きるための指南書になるのだ。

私は右の言葉を地でいくように、もう三十年来、老子の講義を行なっている。その都度、老子を読み込んでいることはいうまでもない。それでも飽きない。おもしろい。なぜなら、古典は現在の心情を映しながら読んでいくものだからだ。

生きていれば当然いろいろなことが起こる。古典を読み続けていれば、その体験と古典が対話するようになる。体験のより深い理解が得られ、経験として蓄積される。これが人間の成長だ。古典の力だ。

賢

君子《くんし》は周《しゅう》して比《ひ》せず。
小人《しょうじん》は比《ひ》して周《しゅう》せず。

優れたリーダーは下の者みんなと平等に対する。えこひいきをしたり、利害関係による派閥を形成したりするのはダメなリーダーのやることだ。

（為政第二／30）

「開かれた人間関係」をつくる

リーダーにとって、自分のいうことを無条件に「はい、はい」と聞いてくれる部下はかわいいだろう。また利害関係が一致する者とは、派閥を形成して権勢をふるいたくもなるだろう。こういったリーダーは、部下を好き嫌いで区分して見るタイプだ。しかし、それは〝ダメリーダー〟の証。自分とは意見の異なる者を退けるなどして、組織内に馴れ合いの人間関係を蔓延させてしまうからだ。

優れたリーダーは公平にみんなを受け入れ、さまざまな考えに耳を傾けながら公正な判断をする。えこひいきをしないから、派閥抗争や馴れ合いが生じることもない。異質だからと排除されないから、部下たちは自由に発言できる。

そんな**優れたリーダーが率いる組織には、開かれた人間関係があり、常に生き生きとした生気に満ちている**のである。

賢

學《まな》びて思《おも》わざれば則《すなわ》ち罔《くら》し。思《おも》いて學《まな》ばざれば則《すなわ》ち殆《あやう》し。

知識や情報を得ることに満足してはいけない。どう応用できるかを自分の頭で考え、創意工夫をこらしていくことが大切である。

（為政第二／31）

「学ぶ」と「考える」のサイクルを回す

現代ビジネスを象徴するキーワードの一つは、「労働生産性から創造生産性へ」――。ここで孔子がいっているのとまったく同じことだ。知識や経験を積み重ね、それを社会に役立つ能力に転換させていく。その過程で「考える」作業が必要だとしている。

どれだけ多くを学んでも、その知識や経験知を生かせなければ何にもならない。ただ「こんな経験をした」「こんなに知識がある」と人に自慢するだけに終わる。

また、いくら思考を重ねても、豊富な知識・経験の裏づけがなければ、単なる机上の空論。浅知恵で策を弄したところで、実効性は望めない。周囲からも「何もわかってないくせに、よくいうよ」と迷惑がられるだろう。

つまり、学ぶだけでも、考えるだけでもダメ。私流にいえば、「学びと思考のキャッチボールによって、創意工夫が生まれる。その創意工夫が新しい価値の創造につながる」ということだ。**学びと思考を両輪にして回し、人生や仕事に役立てるよう努める。**そうして初めて、行動力・実効性のともなう知識と経験が得られるのだ。

賢

之《これ》を知《し》るを之《これ》を知《し》ると爲《な》し、知《し》らざるを知《し》らずと爲《な》す。

知っていることと知らないこととの境界線をはっきりさせる。そのうえであやふやな知識を「真に知っている」といえるまで本質を究めなさい。

（為政第二／33）

「知識の棚卸し」をする

自分が何を知っていて、何を知らないのかは、意外とわからないものである。たとえば自分では「知っている」つもりのことでも、いざ説明しようとすると、しどろもどろになってしまうとしたら、それは「知っている」ことにはならない。

私も近ごろ、知っていることと知らないこととの境界線をはっきりつけることの重要性を身にしみて感じている。というのも、儒教や禅の教えを外国人に伝える機会が増えたからだ。英訳する場合、本質がわかっていないと、ズバッと一言で説明することができないのだ。目下、これまで繰り返し古典をひもといて得た知識を整理しながら、さらに探究を続けている。

このくだりは「知ったかぶりをしてはダメだよ」という戒めにも読めるが、一歩進めて**「物事は真に知っているといえるまで、その本質を探究し続けなさい」**と捉えるのがいい。常に「知る」と「知らない」との境界線を意識し、それを可能な限り「知る」のほうへ近づけていくことが、自分の力量を伸ばしていくことなのだ。

賢

多《おお》く見《み》て殆《あやう》きを闕《か》き、
慎《つつし》みて其《そ》の餘《よ》を行《おこな》えば、
則《すなわ》ち悔《くい》寡《すくな》し。

いろんな人に広く意見を求めたり、多くの情報を得たりするのはいいことだ。しかし発言は慎重に。少しでも疑わしい点、不安な点があるなら、「いわぬが花」だ。

（為政第二／34）

発言に重みを持たせる

この一文は、弟子の子張《しちょう》に「どうすれば就職できるか」を問われて、孔子が答えた言葉だ。いまでいうなら、就活中の人に面接をうまく運ぶ秘訣を授けた、といったところだろうか。

といっても、「さすが孔子」というべきか、世の人々から信頼される発言とはどんなものかを諭している。「聞きかじりの知識や情報を弄するなよ。ちょっと突っ込まれたら、答えに詰まるような中途半端なものいいをするなよ。見聞を広げながらも、**一つひとつ自分で裏を取って、これは真実だ、みんなの役に立つ情報だ、と確信できたことだけを発言しなさい**。発言に重みのある人は信用されるので、就活もビジネスも自然とうまくいく」ということだ。

いまの時代はネット上に情報があふれ返っているだけに、つい聞きかじりでものをいってしまいがち。しかし、それらの情報は玉石混淆《ぎょくせきこんこう》だ。自分でろくに検証もせずに発言に取り入れると、底の浅い人間だとバレて、信用を失いかねない。要注意である。

賢

直《なお》きを擧《あ》げて諸《これ》を枉《まが》れる
に錯《お》けば、則《すなわ》ち民《たみ》服《ふく》せん。
枉《まが》れるを擧《あ》げて諸《これ》を直《なお》き
に錯《お》けば、則《すなわ》ち民《たみ》服《ふく》せず。

不正が横行している部門の長にまっすぐな人間を置くと、みんなが心服して、自然と不正が正されていく。逆に、上に立つ者が邪《よこしま》な心の持ち主だと、部門全体が乱れていく。

（為政第二／35）

「まっすぐな人」を重用せよ

権力を持つ人には決定権があるから、よからぬことを企《たくら》む人たちが寄ってくるものだ。賄賂と引き替えに不正を働くのは、その典型例だろう。

上に立つ者がそんなふうだと、下の者に悪影響をおよぼす。どれだけキャリアを積んでいようが、数字上の能力が優れていようが、それが不正な方法で手にしたものであれば、下の者を指導する立場に置いてはいけない。組織全体に「自分もしくは会社の利益になるなら、不正をしてもかまわない」という風潮を蔓延させてしまう。

上に立つ者はだから、〝悪魔のささやき〟に屈することなく、正しいことを当たり前に行なう人物を据える必要がある。そんな上司なら、部下たちも不正に手を染めることはなくなるだろう。曲がった木が、その上にまっすぐな木を積んで圧力をかけるとまっすぐになるように。

次のところでも孔子は、同じことをいっている。「善《ぜん》を擧《あ》げて不能《ふのう》を教《おし》うれば則《すなわ》ち勸《すす》む」——善良な人物が未熟な者を教えれば仕事はうまく進むのである。

賢

人《ひと》にして信《しん》無《な》くんば、其《そ》の可《か》なるを知《し》らざるなり。

人から信用されない人間は、いうこととやることが一致しない。それでよくいままで生きてこられたものだと不思議なくらいだ。

（為政第二／38）

「言行一致」が信頼の鍵

これに続くくだりで、孔子は信用されることの重要性を牛車にたとえている。

「大車《たいしゃ》に輗《げい》無《な》く、小車《しょうしゃ》に軏《げつ》無《な》くんば、其《そ》れ何《なに》を以《もっ》てか之《これ》を行《や》らんや」

というふうに。牛車の前には、「ながえ」と呼ばれる長い棒が二本、平行に取りつけられている。その前端に「くびき」がついていて、牛の後ろ首にかけられる。牛車はこの仕組みで牛が引っ張って動くようになっているのだが、もしながえもくびきもなかったらどうなるだろう？　牛は暴走して、好き勝手にどこかへ行ってしまう。人から信用されない人間は、そんな牛車のようなものだというのだ。

ながえとくびきがあって牛車が用をなすように、**人間はいうこととやることが一致していて初めて信頼に足る存在になる。**いいかえれば、社会や組織と自分をつなぐ要は、「言行一致」により醸成される信頼にある、ということだ。

賢

義《ぎ》を見《み》て爲《な》さざるは、勇無《ゆうな》きなり。

自分こそがやるべきことなのに、知らんぷりをするのは、人間的勇気がないからだ。

（為政第二／40）

誰かのために働いている人は、美しい

「義」という漢字は、「美」の上の部分と「我」とから成り立っている。つまり「美しい私」。また「犠牲」の「犠」の字に使われていることからわかるように、犠牲的精神を意味する。併せて考えると、「義」には、「命がけで他者のために働いているとき、あなたは一番美しい」という意味が含まれているように感じる。

たとえば困っている人がいて、助けを必要としているとしよう。そのときに周りを見渡しても誰もいないのであれば、救いの手を差し伸べてあげるのは自分の役割である。そんな状況にあるにもかかわらず、見て見ぬふりをすることを、孔子は勇気がないと断じている。

前段では「其《そ》の鬼《き》に非《あら》ずして之《これ》を祭《まつ》るは、諂《へつら》うなり」——「自分の祖霊ではない他者の霊を祭るのは、ただのおべっかだよ。他者や霊に取り入って利益を得ようとしているだけだ。義にもとる行為である」といっている。欲得ずくで他者に近寄るのは「不義」で、**勇気をもって他者のために尽くすことが「義」なのである。**

八佾《はちいつ》第三

もっと「器の大きな人」になる

Hachiitsu

八佾庭《はちいってい》に舞《ま》わしむ。是《これ》をば忍《しの》ぶ可《べ》くんば、孰《いず》れをか忍《しの》ぶ可《べ》からざらんや。

格下の身でトップにしか許されていないことを平気でするとは僭越《せんえつ》だ。一事が万事。何かにつけて偉そうに振る舞うようになるだろう。

（八佾第三／41）

偉くなっても〝分をわきまえる〟

孟孫《もうそん》氏・叔孫《しゅくそん》氏・季孫《きそん》氏は、魯《ろ》国の君主である桓公《かんこう》の分家に当たる御三家。実力者ではあるが、君主ではない。それにもかかわらず季孫氏は、祭礼に際して、桓公だけに許されていた八佾の舞を自邸で舞わせたのだ。そのことを孔子は、「君主と同格だといわんばかりの僭越な振る舞い」と批判したのである。

会社にたとえるなら、「社長室に入ったら、副社長とか専務が社長の椅子にふんぞり返っていた」ようなもの。非礼もはなはだしい。孔子ならずとも、そんな行為に目をつぶるわけにはいかない。放っておいたら、どんどんいい気になって、何をするかわからないではないか。

地位が上がると、自分が偉くなったと勘違いして、トップ気取りになる人は少なくない。それでは組織が乱れるばかり。**上にいけばいくほど、〝分をわきまえる〟よう自戒する必要がある。**

人《ひと》にして不仁《ふじん》ならば、禮《れい》を如何《いかん》せん。人《ひと》にして不仁《ふじん》ならば、樂《がく》を如何《いかん》せん。

人間のできていない人が、頭ごなしに「礼を実践しろ」「学問・文化の振興に努めろ」などと命令しても、誰の心にも響きはしない。

（八佾第三／43）

本物の教養、はりぼての教養

ここでいう「仁」は、地域に伝統的に根づいている儀礼・文化を受け継ぎ、それらが自然と身に備わっていることを意味する。それが仁者、人間としてできた人物なのである。

いいかえれば、地域の伝統・文化が親から子へと代々伝えられ、立派な人格が形成されていく、ということ。権力者が頭ごなしに命令して養われる資質ではない。強制的にやらせると、上辺だけをなぞることになるので、慇懃無礼ではりぼての教養をひけらかす、中身のない尊大な人間を量産するだけである。

「礼節《れいせつ》は仁《じん》の貌《ぼう》なり、言談《げんだん》は仁《じん》の文《ぶん》なり、歌楽《かがく》は仁《じん》の和《か》なり」

とは『礼記《らいき》』にある言葉。**形ばかり整えるのではなく、心を伝えることが大切だ。**

君子《くんし》は争《あらそ》う所《ところ》無《な》し。

誰も争いごとを仕掛ける気にならないくらい、優れた技量を持っている。それが立派な人間というものだ。

（八佾第三／47）

立派な人間は「争うところがない」

「立派な人間は争わない」のではなく、「争うところがない」というのがポイント。たとえばオリンピック選手相手に、自分は少しばかり運動神経がいいからと、勝負を挑むだろうか？　結果は火を見るよりも明らか。争うなんて気持ちすら起きないはずだ。

立派な人間は能力・人格ともに抜きん出て優れているから、争いごとを避けるまでもなく、降りかかってくることさえない。**競争に翻弄されているようでは、まだ半人前、**ということである。

これに続けて孔子は、「もしどうしても戦わなければならない場合」として、弓の試合をあげ、次のようにいっている。

「勝っても尊大に振る舞わず、負けても根に持たずに潔く負けを認め、気持ちよく争いの幕を引きなさい」

スポーツの試合と同様、争いはグラウンドやリング、土俵の上だけ。終わったらノーサイドだよ、ということだ。

罪《つみ》を天《てん》に獲《え》ば、禱《いの》る所《ところ》無《な》きなり。

天に言い訳は通用しない。自分のやったことは潔く「私がやりました」と認めなさい。

（八佾第三／53）

自分の言葉に「責任」を持つ

ここは、孔子が衛《えい》国の実力者である王孫賈《おうそんか》から「その係の人よりも自分に与《くみ》するほうが現実的だよ」と誘いをかけられたときの答えである。王は日本の慣用句でいうなら「花より団子」みたいな言い伝えを引いて、孔子の反応を見たわけだ。

ところが孔子は、そんな誘いに乗らない。「こそこそ変なことをしては、お天道様に申し開きができないよ」と一蹴したのだ。どれほど自分の正当性を言い繕ってみたところで、天にはすべてお見通し、ということである。

昨今の政界は、「いった・いわない論争」が多過ぎる。自分の発言の不備をなんとかなかったことにしようと、「そんなことをいった記憶はない」だの、「そんなつもりでいったのではない」などと、言い訳ばかりしている。

いったん自分の口から出た言葉には、きちんと責任を持たなければいけない。自分に非があるのなら「申し訳ありませんでした」と謝罪し、退任するなりなんなりしてちゃんとけじめをつけるのが筋である。お天道様に言い訳は通用しないのだから。

君《きみ》に事《つか》えて禮《れい》を盡《つく》せば、
人以《ひともつ》て諂《へつら》うと爲《な》す。

年長者に礼を尽くすことと、おべっかを使うこととは違う。自分では礼を尽くしたつもりでも、周囲がそう受け取らないとしたら、心から礼を尽くしたとはいえない。

（八佾第三／58）

それは〝礼儀〟か〝おべっか〟か

たとえば上司が外回りから疲れて帰ってきたとする。日ごろからお世話になっている上司なら、部下としてはお茶の一つも出して、労をねぎらいたいと思うだろう。暑い日には「冷たいお茶をどうぞ」と差し出す。そのくらいの気づかいをすることは、礼儀にかなった行為である。

ところが周囲からはややもすると、「あいつ、またゴマをすってるよ」というような冷ややかな目を向けられる。

なぜ周囲は、尽くして当然ともいうべき礼を、おべっかと曲解するのか。先を越されたことを妬んで、「自分だけいい子になって、いやなヤツだ」と思ったのか。あるいは作為が見え見えで、「あんなことまでして上司に取り入ろうなんて、あざといヤツだ」と思ったのか。

いずれにせよ、**曲解された時点で、自分にわずかでも〝おべっか心〟がなかったかを反省したほうがいい。**心の底から礼を尽くせば、周囲も立派な行為と認めるはずだ。

君《きみ》は臣《しん》を使《つか》うに禮《れい》を以《もっ》てし、臣《しん》は君《きみ》に事《つか》うるに忠《ちゅう》を以《もっ》てす。

上に立つ者は部下に対して礼儀をわきまえて接する。部下は上司に対してウソ偽りのない心で接する。それが上下関係を円滑にする秘訣である。

（八佾第三／59）

「感謝」が理想的な上下関係をつくる

上に立つ者に「俺は偉いんだぞ」という意識があると、どうしても態度が尊大になってしまう。なかには、部下をあごで使ったり、大勢の前で一人を罵倒したり、ちょっとしたことで怒鳴り散らしたりする荒っぽい人もいるだろう。

そんな上司は当然、部下から反発や恨みを買う。立場が上だからこそ、下の者には丁寧に対応する。そうでなければ、信頼されるリーダーにはなれないのである。

一方、部下が心がけるべきは「忠」、ウソをつかないことだ。たとえば自分の評価が下がるのをおそれてミスを隠すとか、上司の心証をよくしようと心にもないお世辞をいうとか。そんなふうでは逆に忠誠心を疑われる。

「私のような至らぬ上司に仕えてくれてありがとう」

「私のような至らぬ部下を使っていただきありがとうございます」

上司と部下の間に、感謝の気持ちが流れているのが理想的な上下関係である。

上《かみ》に居《い》て寛《かん》ならず、禮《れい》を為《な》して敬《けい》せず。

上司は部下に厳しく接するだけではダメだ。ミスがあっても、一回は目をつぶってやるくらいの寛大さが必要である。

（八佾第三／66）

ミスには寛大に、手柄にはちょっと厳しく

部下は厳しく育てなければいけないが、ちょっとミスをしただけで人格否定をするような叱り方をするのは感心しない。立ち直るのが難しくなるからだ。

一回くらいは目をつぶって、「今回はしょうがないけど、次からは同じミスをしてはいけないよ」とやさしい言葉をかけてあげるのがよい。そのほうが部下は反省を深めるし、汚名返上とばかりにがんばることができる。

しかし甘すぎるのも考えものだ。俗に「部下は褒めて育てろ」とはいわれるものの、大した成果もあげていないのに褒めても、部下は心から喜べない。〝褒め殺し〟にされているような気分になる場合もある。

そしてとくに注意が必要なのは、部下が手柄を立てたときだ。**褒める一方だと、有頂天になりかねないので、一つ釘を刺しておくといい。**「よくやった。がんばったな。でもこれでよしとするなよ。君にはもっとレベルの高い仕事を期待しているよ」などといってやれば、部下も「勝って兜の緒を締めよ」と気持ちを引き締めるだろう。

里《り》仁《じん》第四

結局、「仁」とは何なのか？

Rijin

仁

仁《じん》に里《お》るを美《び》と爲《な》す。

家庭でできないことは、外でもできやしない。思いやりの心を養うには、まず家族関係から正していく必要がある。

（里仁第四／67）

家庭生活がそのまま社会生活に出る

家族は気を許し合える存在である。それだけに親子ゲンカ、兄弟ゲンカが起こりやすいし、つい本音をぶつけ合いがちだ。ときには「それをいっちゃあ、おしまいよ」という、ひどい言葉を投げてしまうことすらあるだろう。

それでも許し合えるのが家族でもあるのだが、孔子はそんな甘いことをいわない。そういう場だからこそ、互いを思いやることが大切だとする。

なぜなら、「家庭は社会の縮図」といわれるように、**家庭における振る舞いがそのまま社会生活に出る**からだ。自分では内と外を使い分けられると思っているだろうが、何かの拍子に〝家庭での地〟が出てしまうものなのだ。

なかなか難しいことだが、少なくとも「常に家族を思いやる自分になる」ことを目指していただきたい。本音が出そうになったら、ひと呼吸置く。そして「いかん、いかん。ここは怒るところではない。これはいわないほうがいい」と自分を戒める習慣をつけようではないか。

仁

唯仁者《ただじんしゃ》のみ能《よ》く人《ひと》を好《この》み、能《よ》く人《ひと》を悪《にく》む。

人の真価は、立派な人間であるか否かより、立派な人間になろうと努めているかどうかにある。努力しない人には奮起を促すべきだ。

（里仁第四／69）

「仁者たるべし」にゴールはない

孔子は論語全篇を通して、「仁者たるべし」と説いている。しかし意外にも、いま現在仁者であるかどうかは問題にしていない。

周りから「立派な人だねえ」と尊敬されている、いかにも仁者然とした人でも、「このくらい仁を突き詰めれば、もういいだろう」という態度が見えたとたん、ダメの烙印を押す。

「なんと情けない。君はその程度のレベルで満足しているのかい？　人間的に立派になるという道に終わりはないんだよ。可能性をあきらめてどうするんだ」

と、奮起を促すように檄《げき》を飛ばすのだ。

では、孔子が評価する立派な人間とは、どんな人物か。それは人格ができていようがいまいが、「自分はまだまだだ」と考えて、**さらなる向上を目指す人**なのである。

間違っても、「孔子は立派な人間が好きで、そうでない人は嫌いなんだ」などと解釈しないように。

仁

貧《ひん》と賤《せん》とは、是《こ》れ人《ひと》の悪《にく》む所《ところ》なり。其《そ》の道《みち》を以《もっ》てせざれば、之《これ》を得《う》とも去《さ》らざるなり。

人は誰しも、貧しい生活などしたくない。社会的地位だって低いよりは高いほうがいい。しかし道をはずした結果、貧・賤になったのなら、身から出たサビだ。そこに気づけば軌道修正はできる。

（里仁第四／71）

富貴か貧賤かは「自分の行ない」しだい

貧賤について論じたこの前段に、「富《とみ》と貴《とうとき》とは、是《こ》れ人《ひと》の欲《ほっ》する所《ところ》なり」とある。豊かさと高い社会的地位は誰もが望むことだ、というのだ。孔子は富や地位・肩書を超越しているかと思いきや、けっこう富貴にこだわりがあるとわかる。聖人孔子の人間味を感じるくだりである。

ただし「だから富貴を求めなさい」とはいわない。「人として正しいことをしていれば、自ずと富貴が得られる。道からはずれたことをすると、貧賤に甘んじることになる」と説いている。

つまり、富貴・貧賤は表層的なもの。いま富貴な人も、それが不正によって手に入れたものであれば、やがて手元から消えていく。逆に、いま貧賤にあえぐ人も、道からはずれたことに気づいて軌道修正をすれば、いつしか富貴が手に入る。いたずらに**富貴・貧賤の現状に振り回されず、まず自分の言動が人として正しいものであるかどうかをチェックする**ことが求められる。

仁

朝《あした》に道《みち》を聞《き》かば、夕《ゆうべ》に死《し》すとも可《か》なり。

命ある限り、自分の存在意義を追究しなさい。その答えが垣間見えたら「その日のうちに死んだっていい」くらいの気持ちになるだろう。

（里仁第四／74）

人生で成し遂げるべき二つのこと

人は何のために生まれてきたのか。私は一つ、仮説を立てている。ズバリ、「人は天の二つの望みに応えるためにこの世に生まれてきた」ということである。

二つの望みとは、一つは**「愉快な人生を送る」**こと。もう一つは**「健全な社会をつくる」**こと。あくまでも仮説だが、私は正しいと確信している。

天は姿が見えない。声も聞こえない。したがって、姿も声もある人間を生み出し、思いを人間に託している。私たちはその思いを感じ取り、天に代わって、この世で愉快に暮らし、社会を健全にするよう努める責務を負っているわけだ。

キーワードは「道」。常に道にかなって行動することが、天の望みに応えることにつながる。非常に難しい、一生かかっても答えの出ない課題だが、だからこそ追究する価値がある。それに道に則って生きていると、ふと「このために生きているんだ」と感じることがある。そのときだ、「もう死んでもいい」くらいの、身が痺れるような衝撃が走るのは。そんな瞬間を味わうことが「道を知る」ということなのである。

仁

悪衣《あくい》悪食《あくしょく》を恥《は》ずる者《もの》は、未《いま》だ與《とも》に議《はか》るに足《た》らざるなり。

貧しい暮らしを恥ずかしく思っている人に限って、お金が入ると、自分を飾ることに血道をあげる。そんな人は同志に値しない。

（里仁第四／75）

外面志向から内面志向へ——人生好転の秘訣

強い志を持つ人は、自分の外面を飾ることにまで気が回らない。まったく無関心。幕末の志士たちは、その典型だろう。「わが日本を欧米の植民地にしてなるものか。真の独立国家をつくろう」と志し、それこそ寝食も忘れて語り合い、行動した。外面を気にするエネルギーをすべて志に注ぐことで同志が結束し、大事を成し遂げたのだ。

一方、志の定まっていない人は、自分に自信が持てないことの裏返しなのか、見た目を非常に気にする。だからちょっとお金が入ると、〝成金〟よろしく贅沢に走る。エネルギーもお金もすべて、浪費してしまうわけだ。そういう人と誰が同志になりたいか、という話である。大事を成し遂げることもできないだろう。

もしあなたが後者のタイプなら、エネルギーの方向性を一気に逆転したほうがいい。中身が充実してくるにつれて、必ずや「もう世間体なんてどうだっていい」という気持ちになってくる。志を同じくする仲間もできる。人生の充実度が格段に違ってくるのだ。キーワードは**「外面志向から内面志向へ」**、これである。

仁

君子《くんし》の天下《てんか》に於《お》けるや、
適《てき》も無《な》く、莫《ばく》も無《な》し。
義《ぎ》と與《とも》に比《ひ》す。

何かに囚われることもなく自由で、かといってい加減でもない。ひとえに義を重んじて考え、行動する。それがリーダーだ。

（里仁第四／76）

「色眼鏡」をはずして評価する

ラグビーには、「one for all, all for one」という考え方がある。「一人はみんなのために、みんなはひとりのために戦う」という意味だ。孔子の右の言葉は、この精神に通じるものである。とりわけ**リーダーは、「義」を指針とし、組織のこと、社会全般のことを考えて行動する**のが望ましい。

たとえば部下の誰を昇進させるかを選ぶ場合。リーダーはどうしても好き嫌いに惑わされることが多い。「あいつはなんとなく気にくわない」とか「あいつとはウマが合わないからやりにくい」「あいつは有能過ぎて、自分の脅威になりそうだからいやだ」など、自分にとって利益をもたらす者かどうかを優先させてしまうのだ。

しかし、それでは組織の弱体化を招くことになりかねない。個人的に好きではなくても、「組織の発展のためには、あいつを昇進させるのが最善だ」と公正に評価する。それがリーダーの持つべき「義と與に比す」という姿勢である。

仁

利《り》に放《よ》りて行《おこな》えば、怨《うら》み多《おお》し。

ひと儲けしようと結束した集団は、必ず分け前をめぐって仲間割れをする。一方、大事を成すことを目的とする集団は、その理念の下で一丸となって力を尽くすから、結果的にすべてがうまくいく。

（里仁第四／78）

人は「理念」で集める

現代の企業は多くが「金儲け至上主義」を貫いているように見受けられる。企業は利益を追求するのが使命なので、致し方ないところはあるだろう。

しかし組織が単なる「金儲け集団」になってしまうと、方々から怨みを買うことは必定だ。たとえば「給与の査定が公平ではない」とか「安い給料でこき使われるのは理不尽だ」「汚い手を使って仕事を取っているヤツが偉いのか」「小さな会社は大企業に安く買い叩かれ、割を食うのがガマンならない」などなど。そんなふうでは、分け前をめぐって仲間割れを起こす詐欺集団と変わりないではないか。

大事なのは、目先の利益を追うような〝小欲〟は脇に置き、経営理念に掲げられた会社の志を組織全体に浸透させていくことだ。それが〝大欲〟を持つ、ということ。集団の結束力が強まるうえに、怨みや不満、仲違いも一掃される。

一人ひとりが**〝小欲〟より〝大欲〟を持つことで、組織は発展していく**のである。

仁

位《くらい》無《な》きことを患《うれ》えずして、立《た》つ所以《ゆえん》を患《うれ》えよ。

社会的地位が低いことを嘆いてもしょうがない。自分のやってきたことを謙虚に振り返り、なぜ地位が得られないのかを考えなさい。そうすれば前を向いて進む力がわいてくる。

（里仁第四／80）

自分の力不足なら自分で克服できる

出世競争で同期に後れを取ったり、なかなか責任のある仕事を与えられなかったりすると、だんだんと気分が腐っていくものだ。

孔子も長らく、自分の力を発揮する場や地位に恵まれなかったので、認めてもらえないことに対する気持ちは身にしみていただろう。孔子はだからこそ、その種の不満や嘆きを克服する術を身につけたように思う。一言でいえばそれは、「わが身を振り返って、自分に欠けている力を磨いていこう」と前向きになることである。

誰かのせいにしたり、社会が悪いと怨んだり、不運を嘆いたりしても自分ではどうすることもできないが、**自分の力不足なら自分で克服できる**ではないか。

考えてみてほしい。プロ野球選手がヒットを打てないとき、「相手の投手がすごい球を投げるからだ」「逆風が吹いたからだ」「グラウンドの状態が悪いからだ」「審判の判定が不公平だからだ」などというだろうか。ビジネスパーソンだって仕事のプロである以上、常に自分に何が足りないかを考えたほうがいい。

仁

夫子《ふうし》の道《みち》は、忠恕《ちゅうじょ》のみ。

私は人生においてただ一つのことを貫いてきた。自分にも人にもウソをつかず、思いやりを持って人に接することだ。

（里仁第四／81）

当たり前のことを当たり前にやる

小学生の子どもでもわかるような教えだが、実践しようとすると、これがなかなか難しい。**「当たり前のことを当たり前にやる」ことは、実は人生最大の課題といってもいいくらい**なのだ。ここは「子どもじゃないんだから」などといわずに、人生の、この世の根本概念を会得した孔子の教えとして受け止めたい。

理解の一助として、千利休の秘伝書と伝えられる『南方録《なんぽうろく》』に出てくる、利休と弟子の会話を紹介しておこう。

「利休師匠、わび茶とは何でしょうか」

「熱いお茶は熱いように、冷めるお茶は冷めるように出すことだ」

「そんなにやさしいことでよいのですか?」

「私はそういうお茶をいまだかつて飲ませてもらったことがないよ」

利休の皮肉な言い方は、まさに孔子の右の言葉に通じていると感じる。

仁

三年《さんねん》父《ちち》の道《みち》を改《あらた》むること無《な》きは、孝《こう》と謂《い》う可《べ》し。

仕事を引き継いだら、三年は前任者のやり方を踏襲しなさい。自分流に新しく変えていくのは、それからだ。

（里仁第四／86）

後進の心得

父親から経営を引き継ぐ、あるいは昇進により新たなポジションにつく場合、張り切るあまり、前任者のやり方をガラリと変える人がいる。それはダメだと孔子はいう。なぜだろう？　一つは、前任者が築き上げた信頼を揺るがすことになるから。もう一つは、会社の歴史や伝統が途絶えてしまうからだ。これは大きな損失だ。

まずは三年間、前任者のやり方を徹底検証するとよい。そこに合理性があるのか、ほかのやり方はないのかを細かく見ていくと、何を守って、何を変えるべきかが見えてくる。山登りにたとえると、前任者が六合目まで到達していたとしたら、その道のりを検証することによって新任の自分はそこをスタート地点にできる。ゼロからのスタートをしなくていい分、合理的に仕事を進めることができる。

「三年」という年限には意味がある。孔子は「親が亡くなったら、三年喪に服するのが孝行だ」としているのだ。前任者に敬意を表する意味でも、三年は妥当な時間ではないだろうか。

仁

約《やく》を以《もつ》て之《これ》を失《うしな》う者《もの》は鮮《すく》なし。

上り詰めたら下るしかない。どん底に落ちたら上昇しかない。それが世の習いだが、何事も行き過ぎないよう、逆に消極的に過ぎないよう、注意が必要だ。

（里仁第四／89）

「陰陽のバランスを取る」という考え方

中国古典思想には「陰陽和して元となす」という考え方がある。「陰」は内へ内へと向かう働き。受動的な性質がある。一方、「陽」は外へ外へと拡大していく働きで、能動的な性質を持つ。私たちが住む社会も、人間の体も性格も行動も、自然界ならびに人間界に起こるあらゆる現象も、すべてがその陰と陽に分類される。

大事なのは、陰は陽が、陽は陰があって初めて一つの要素になりうる、ということ。つまり陰と陽が和されている状態を「完璧」としているのだ。

この考え方でいくと、何かを達成しようと一生懸命がんばっている状態は、陽に当たる。ただ「陽極まれば陰となる」で、陽もいっぱいいっぱいになると、一気に陰に転じる。がんばりがきかなくなり、上り調子が頭打ちになって下降の一途をたどる。逆もまた然り。そうやって陰陽のバランスが正されるのだ。

これを知っておくと、やり過ぎたり、やり足りなかったりして失敗することが少なくなる。**常に自分の行動を客観的に見て、陰陽のバランスを取るよう心がけたい。**

仁

徳《とく》孤《こ》ならず、必《かなら》ず鄰《となり》有《あ》り。

徳のある人の周りには、いつも〝人の花〟が咲いている。みんなと分け隔てなく、自己の最善を尽くし切り、いい人間関係を築いているから、孤立することはない。

（里仁第四／91）

多くの人と寄り添って生きる

いっとき、「おひとりさま」という言葉が流行ったことがある。私などは、うすら寒い気持ちがした。食事も旅行も観劇も、何をするにも一人――「孤独を楽しむ」という意味ならまだしも、孤立して平気でいられる神経には理解しがたいものがある。

人間は一人では生きられない。孤立してしまうと、机を動かすこと一つ取っても、力を貸してくれる人がいないのだから、大変面倒なことになる。

では、どういう人が孤立するのか。それは、自分のことしか考えない利己的な人だ。誰がそんな人に近寄りたいと思うだろう。

孤立しないのは、その対極にある人。人々に分け隔てなく、徳を振る舞って生きている。**徳とは、他者のために最善を尽くし切ること**。自分をそこまで思いやってくれる人に、感謝しない人はいない。だから、自然と周りに人が集まってくるのだ。

どうか「徳」を核に、多くの人と寄り添って生きる「感謝の人間関係」を築いていただきたい。孤立ほど怖いものはないのだから。

理

公冶《こうや》長《ちょう》 第五

それは「道理」にかなっているか

Koyacho

理

縲絏《るいせつ》の中《うち》に在《あ》りと雖《いえど》も、其《そ》の罪《つみ》に非《あら》ざるなりと。其《そ》の子《こ》を以《もつ》て之《これ》に妻《めあ》わす。

前科があるとか、いやなヤツだとか、評判が悪いからといって、その人を判断するのはよくない。実際に自分が会っていい人だと判断すれば、娘を嫁がせたっていい。

（公冶長第五／93）

人物評は「自分の目」を信じよ

弟子の公冶長《こうやちょう》は、ある罪に問われて牢屋につながれたことのある人物だ。しかし孔子は、冤罪《えんざい》だと信じたのだろう、娘を彼のところへ嫁がせたという。前科者になったという現実よりも、自分がよく知っている公冶長の人間性を評価していたからだ。

ここから私たちが学ぶべきは、「世間の評判やマスコミの報道、ネットの書き込みなどを鵜呑みにせず、実際に会い、様子をよく観察し、じっくりと話をしたうえで、**自分でその人物を判断しなくてはいけない**」ということだ。

いまは〝情報という名の噂〟に翻弄される人が多過ぎる。そのためにどれだけの人がいわれない中傷を受けていることか。よしんば本当に悪いことをしたとしても、完膚なきまでに叩きのめすことまでしなくてもいいだろう。

「電力王」とも呼ばれた松永安左ェ門は、「一級の人間になるには、長い闘病生活と長い牢獄生活と長い浪人生活がないとダメだ」といっているほど。どんな人物なのかは、社会ではなく、あくまでも自分自身が判断するべき問題なのである。

理

邦《くに》、道有《みちあ》れば廢《はい》せられず。邦《くに》、道無《みちな》きも刑戮《けいりく》より免《まぬが》る。

道理の通らない社会なら、表舞台から退いて晴耕雨読の生活をしたっていい。道理の通る社会だからこそ、活躍の道が開けるのだ。

（公冶長第五／94）

「乱れた社会」から身を引く、という知恵

いまの政治を見ていると、主張がまったく違う政党を渡り歩きながら、政権にすり寄っていく政治家が少なくない。あたかも政権の中枢でいいポジションを得ることが目的のようだ。そこに主義・主張は感じられない。

孔子の右の言葉は、社会のありようを前提にして、人の生き方を説いたものだ。**道理の通らない乱れた社会なら、何も社会のために働くことはない、**というのだ。なぜなら、道理にかなった行動を志向する自分の主義主張を曲げることになるからだ。そこでいいポジションについたところで意味はない。

そんな状態に甘んじるくらいなら、社会からいったん身を引くのが潔い。田舎に帰って、晴耕雨読の暮らしに入るもよし。そこで力を蓄えて、道理の通る社会になったころ合いをはかって、再び表舞台に返り咲けばいいのだ。

大事なのは社会で地位を得ることではなく、自らの道理を貫くことである。

理

魯《ろ》に君子《くんし》者無《しゃな》くんば、斯《こ》れ、焉《いずく》んぞ斯《これ》を取《と》らん。

身近にいいお手本となる人がいると、下の者も立派な人物となる。

（公冶長第五／95）

「環境に恵まれない」という人たちへ——

子賤《しせん》は孔子の弟子で、後に魯国の長官となって、善政を敷いたことで知られる。その子賤を評して孔子は、「立派な男だね。お手本となるすばらしい人がいたから、人格が磨かれたのだよ」といっている。

人は自分の力だけで成長することはできない。身近に優れたお手本がいて、いい感化を受けて成長していくものなのだ。

というと、ビジネスパーソンのなかには「自分は上司に恵まれない」と肩を落とす人がいるかもしれないが、それは違う。直接の上司でなくても、他の部署とか、取引関係の会社の人、学校の先輩など、「あんな人になりたいなあ」とあこがれる人物が一人や二人はいるだろう。その人をお手本にすればいいのだ。

成長環境をいいものにするかどうかもまた、自分しだいである。

理

焉《いずく》んぞ佞《ねい》を用《もち》いん。人《ひと》に禦《あた》るに口給《こうきゅう》を以《もっ》てすれば、屢《しばしば》〻人《ひと》に憎《にく》まる。

何も口の立つ者を登用することはない。「口は禍《わざわい》のもと」といわれるように、つい舌が滑って、周囲から憎まれることもある。大事なのは人格だ。

（公冶長第五／97）

「弁才」など二の次である

「佞」とは、口がうまいことを意味する。政界でも実業界でも、いまは弁舌さわやかな、プレゼンなどでも立て板に水のごとくしゃべる人間が重用される傾向がある。悪いことでもないように思うが、孔子はこの種の人をひどく嫌う。

おそらく弁が立つだけで、内実のない人をいやになるくらい見てきたからだろう。ここでも人格者として知られる冉雍《ぜんよう》のことを「弁が立たないのが難点だね」といった人に対して、「弁才など必要ない」と強い調子で答えている。

たしかに弁が立つだけに信用ならない人はたくさんいる。昨今もニュースを見ていると、失言だらけだ。「舌が滑る」とはよくいったもので、考えを練らず、言葉を吟味することもなく、しゃべってしまうのだ。ようするに発言に重みがなく、ときとしてウケを狙ったウソまで飛び出す始末。人格者にあるまじき〝才能〟といっていい。

滑舌やスピーチのトレーニングをする暇があったら、まず人格を磨け、ということである。

理

朽木《きゅうぼく》は雕《え》る可《べ》からず。糞土《ふんど》の牆《しょう》は、杇《ぬ》る可《べ》からず。

腐った木に彫刻することはできない。ぼろぼろの土塀は塗って修復することができない。同様に、怠け者はいくら叱っても仕方がない。

（公冶長第五／102）

「やる気」がなければ話にならぬ

これは、弟子の宰予《さいよ》が昼寝をしていたのを見咎《みとが》めて、孔子がいった言葉だ。「昼寝したくらいでここまで厳しくいわなくても」と思わないでもない。実際、「孔子はそこまで狭量《きょうりょう》ではない」という立場から、「昼寝ではなく、昼になっても寝ていたのではないか」「昼の旧字体は晝（画）だから、寝室もしくはベッドに絵を描くか何かしたのではないか」とする説もある。

いずれにせよ、孔子が見放したようにいっているところから見て、宰予は日ごろから怠け者だったと思われる。

おもしろいのは、怠け者を腐った木やぼろぼろの土塀にたとえているところ。「人間の性根が腐っている」ことを意味する。

私たちが学ぶべきは、ともすれば怠惰に流されがちな自身を抑制して、**常に学ぶ態勢を整えておく**ことだ。どんなにいい先生につこうと、勉強に長い時間を費やそうと、意欲がなければどうにもならない。意欲を持って自分を磨くことが大切なのである。

理

棖《とう》や慾《よく》あり。焉《いずく》んぞ剛《ごう》なるを得《え》ん。

金銭欲や出世欲が少しでもあると、自分の考えを貫き通すことが難しくなる。信用できるのは、やはり欲のない人間だ。

（公冶長第五／103）

〝なびかない人〟が一番強い

前段で孔子は、「吾《われ》未《いま》だ剛者《ごうしゃ》を見《み》ず」といっている。「自分の意見を貫き通す人に会ったことがないよ」というのだ。それである人が「先生の弟子の申根《しんとう》は剛者だと思うが」といったところ、孔子は「あいつはダメだ。欲があるからね」とバッサリ。

この場合の「欲」は金銭や肩書を求める心だ。そういう欲があると、たとえば賄賂を差し出されたり、目の前に勲章をぶら下げられたりすると、簡単に誘惑に負ける。「それ、くれるんだったら、なんとかしますよ。意見を変えますよ」という具合に。

私が一万人以上の受講生を見てきた限り、**一度欲に転んだ人はほぼ立ち直れない**。後になって「あのとき欲得ずくで条件をのんだために、以後ずーっと、その人のいいなりになるしかなくなった。もういやだ」と泣きついてきても後の祭りである。

西郷隆盛の言葉に「命もいらず、名もいらず、官位も金もいらぬ人は始末に困るものなり」というものがある。逆にいえば、そういう「始末に困る人」だからこそ、艱《かん》難《なん》をともにして国家の大業をなしうる、ということである。

理

老者《ろうしゃ》は之《これ》を安《やす》んじ、朋《ほう》友《ゆう》は之《これ》を信《しん》じ、少者《しょうしゃ》は之《これ》を懐《なつ》けん。

お年寄りが安心して暮らせて、友人同士が信頼し合えて、若い人たちが大事にされている。そんな世の中にすることが私の志だ。

（公冶長第五／118）

「志」はあなたのすぐそばにある

「あなたの志は何ですか？」

と問われると、大半の人が返事に詰まるのではないだろうか。

とくに社会が成熟した現代は、「志を持ちたいけど、何を志せばいいかがわからない」という若者が多いようだ。

そんな人はとりあえず、孔子の右の言葉をわが身に当てはめてみるのもいい。「年寄りには優しく、友人を信じ、子どもを含む後輩たちが馴染める社会をつくるんだ」というふうに決めれば、**ごく身近なところに自分のなすべきことが見えてくる**はずだ。まずは自分の身の回りから、志を実践できるではないか。

いまの世の中はまったく逆。年寄りに冷たく、友人とは表面的なつき合いに終始し、若者のことなんか誰も考えていない。おそらく孔子の時代もそうだったのだろう。簡単にできそうなことながら、二千五百年経ったいまも通用する教えである。

雍《よう》也《や》第六

人生、「楽しむこと」に
まさるものなし

Yoya

顔回《がんかい》なる者《もの》有《あ》り。學《がく》を好《この》む。怒《いかり》を遷《うつ》さず、過《あやまち》を貳《ふたたび》せず。

弟子のなかでも顔回《がんかい》は一番、一心によく学んだ。その成果というべきか、彼は感情の波がなく、同じ過ちを繰り返すこともなかった。

（雍也第六／122）

学びから得られる二つのメリット

顔回は孔子がもっともかわいがっていた弟子だ。不幸にも若くして亡くなってしまい、孔子は「それ以降、一心に学ぶ弟子はいない」というほど見込んでいたのだ。

孔子はここで、学ぶことの二つのメリットをあげている。一つは、おもしろくないことがあっても、**人に八つ当たりしないこと**。感情をコントロールする能力が身につくという。

二つ目は、**同じ過ちを繰り返さないこと**。失敗を自己向上のチャンスと捉えて、徹底検証するのだ。いたずらにへこむこともなければ、他者のせいにしてやり過ごすこともない。だから、いっそう学びに力が入るわけだ。

私たちは「学ぶ」と聞くと、教室で先生の話に耳を傾け、板書されたものをノートに取る、みたいな場面をイメージする。知識を詰め込む作業に終始してしまうのだ。それだけに、右の言葉を読むと、そうではないとハッとさせられるのではないだろうか。学びの本質をズバリ言い当てた言葉として、噛みしめていただきたい。

犂牛《りぎゅう》の子《こ》も、騂《あか》くして且《か》つ角《かく》ならば、用《もち》うること勿《な》からんと欲《ほっ》すと雖《いえど》も、山川《さんせん》其《そ》れ諸《これ》を舍《す》てんや。

農耕用の牛の子でも、赤毛で角のかっこうがよければ、祭祀用の牛として用いられる。神様は立派な牛を見捨てはしない。同様に、人間も生まれ育ちがどうであれ、世の中は必ず才能を見出す。

（雍也第六／124）

あなたを見ている人が必ずいる

「二世議員」とか「二世タレント」などと呼ばれる人は、その道の名門の生まれであることから、しばしば「恵まれている」とうらやましがられる。また、いわゆるお金持ちの家に生まれた人は、お金で苦労することがなくていいなと思われる。たしかに世に出る環境は整っているし、親の七光りの恩恵を受けることも多いだろう。

しかしだからといって、そうではない人たちが不遇かというとちょっと違う。**才能が抜きん出ていれば、必ず見出される。**世の中は決して才能を見捨てはしないのだ。その証拠に、貧しい家に生まれた人でも、どうしようもない親を持つ人でも、立派な人間になった例はいくらでもある。

ここで孔子は、悪名高い親を持つ仲弓《ちゅうきゅう》を、農耕用の牛と祭祀の生贄になる牛にたとえて、「親など関係ない。本人が立派であれば、黙っていても引き上げられる」と説いている。「鳶《とんび》が鷹を生む」こともあるのだから、親だの血筋だの暮らし向きだのを気にすることはない。それで腐ってしまうことのほうが大問題である。

一簞《いったん》の食《し》、一瓢《いっぴょう》の飲《いん》、陋巷《ろうこう》に在《あ》り。人《ひと》は其《そ》の憂《うれい》に堪《た》えず。回《かい》や其《そ》の樂《たのしみ》を改《あらた》めず。

ふつうの人には耐えられないような貧乏暮らしをしているのに、顔回は生活そのものを楽しんでいる。大したヤツだよ、顔回は。

（雍也第六／129）

貧乏など怖くない

いまの人は本当に貧しさに弱い。貧しいの「ま」の字を聞いた瞬間に、「カンベンしてください」と逃げ出すくらい。日本が経済的に豊かになり、「飽食の時代」ともいわれて久しいせいか、〝貧乏免疫〟ができていないのだろう。

その意味では、貧乏になるのがけっこう難しい時代ではある。それでも**一生に一度、一年間でいいから、貧乏暮らしを経験したほうがいい**。私自身、三十代のころはまさに「赤貧洗うが如し」の生活だった。でも楽しかった。お金を切り詰めて切り詰めて、貯めてはドカンと使う方法で楽しんだのだ。

たとえば「一万円で十日間の昼飯をまかなう」とする。ふつうは日割りして「一日の昼飯代は千円」となる。しかし私は違う。「百円のカップラーメンを九日間すすり、十日目に九千百円のランチを食べる」ようにする。また「最低のステーキより最高のラーメンを食べる」ことを心がけた。貧乏を知ると、贅沢の味わいが増すのである。

貧乏など怖くない。貧乏のために志を曲げるほうがもっと怖いことなのだ。

力足《ちからた》らざる者《もの》は、中道《ちゅうどう》にして廢《はい》す。今女《いまなんじ》は畫《かぎ》れり。

「自分にはその能力がありません」という者は、自分で自分の限界を決めつけているだけだ。まだ全力を尽くしていないではないか。

（雍也第六／130）

「いま、お前は自分自身を見限った」

困難が予測される仕事や、いまの自分のレベルではできないと思われる仕事を前にすると、怖じ気づくのか、謙遜するのか、「私にはムリです」といいがちだ。その場合、たいていは心のどこかに、「やりたくない気持ち」が潜んでいるものだ。

それでまず、「できない理由」を数え上げる。これは日常的によくあること。会議などでも、挑戦する課題が難しければ難しいほど、「できない理由」がたくさん出てくる。孔子は弟子のそういう態度を叱っている。「今女は畫れり」とは、非常に厳しい言葉である。が、誰にも思い当たるフシのあること。心に強く響くに違いない。

私の講座では「わかりません」と「難しい」を禁句にしている。学ぶ姿勢ができていない証拠だからだ。「何がわからないのかをはっきりさせて解決しなさい」「難しいから挑戦する価値がある」と指導している。困難を前にしたときはこう自問してほしい。**「本当に限界か。自分で自分を見限っているだけではないのか。まだまだ全力を尽くす余地があるのではないか」**と。そこから無限の可能性が開けるのだ。

其《そ》の馬《うま》に策《むちう》ちて曰《いわ》く、敢《あえ》て後《おく》るるに非《あら》ざるなり。馬《うま》進《すす》まざればなり。

難しい仕事をうまくやり遂げたとき、周囲に賞賛されても、「いや、けがの功名でね。たまたまですよ」とかわす。そのくらいの謙虚さが望ましい。

（雍也第六／133）

「たまたまです」とさらりという

戦いで敗走するときは、しんがりを務めるのが一番難しい。後ろから来る敵の追撃を阻みながら前を行く味方を守り、なおかつ自分も遅れずについていかなければならないからだ。

孟之反《もうしはん》という人はこれをうまくやり遂げた。当然、周囲から「よくやったね。さすがだね」と賞賛された。ところが彼は、あえて乗っていた馬に鞭を当てて、「いやあ、こいつが遅れたから、しんがりを務めざるをえなくなっただけですよ。私の力でうまくやったわけじゃない」といったという。

ふつうなら、自慢したくもなる。「いや、大変でしたよ」と、いかに自分がうまくやったかをとうとうと語るところだ。それを**「たまたま馬が遅れたから」といい、さらりと賞賛をかわす**など、なかなかできるものではない。孔子が彼を「自慢しない人だ」と評価したのもうなずける。謙虚さはときとしていやみに映るものだが、このくらいしゃれた受け答えができるとかっこいい。

人《ひと》の生《い》くるや直《なお》し。之《こ》れ罔《な》くして生《い》くるや、幸《さいわい》にして免《まぬか》るるなり。

素直が一番。もし素直でないのにこれまで生きてこられたとしたら、運がよかっただけだ。

（雍也第六／137）

「聞く耳」を持つ

経営の神様、松下幸之助さんは「素直な心」の大切さを説いた。孔子と同じように、「素直でなければ、人生の成功はない」としたのだ。

なぜ、それほどまでに素直さが重要なのか。その理由の一つは、「人のいうことや書物にあることを謙虚に受け入れる」ことで、インプットされる知識・情報が増えていくことにある。

たとえば何かを教えられたとき、素直に聞き入れないで、いちいち「そんなことは何の役にも立たない」とか「偉そうにいうな」などと反発していたらどうだろう？知識のインプットがそこで終わってしまう。いま以上に知識が増えないし、能力も上がっていかないのではないか。

「素直になる」とはいいかえれば、「聞く耳を持つ」こと。なんでも「そうか、そうか」と受け入れ、得た知識・情報を自分のものにしていくことが大事なのだ。

之《これ》を知《し》る者《もの》は、之《これ》を好《この》む者《もの》に如《し》かず。之《これ》を好《この》む者《もの》は、之《これ》を樂《たのし》む者《もの》に如《し》かず。

まず学んで知識を得る。次に、学ぶことそのものを好きになっていく。さらに知識を深めるにつれて、学ぶことが楽しくなっていく。その境地にまで達するのが、学ぶことのすばらしさだ。

（雍也第六／138）

仕事の最高到達点は〝楽しむ〟こと

「あなたは仕事を楽しんでいますか?」と問われたとき、笑顔で「もちろん。楽しくてしょうがないです」と答えられる人がどれだけいるだろうか。

もし「いや、嫌いではないけど、楽しいってほどでもない」としたら、まだ「仕事を究めた」というレベルに達していないというべきだろう。

仕事というのは、新入社員でまだ何も知らない時代は、知識・スキルを獲得することに必死になる。それが三十代を過ぎるころになると、一通りの仕事をこなせるようになる。やがて「つまらないなあ」となるか、「どんどん好きになっていくか」の分岐点にぶち当たる。前者ならその時点で成長はストップ。後者なら、積極的に攻めていくことで楽しくなってくる。

このスリーステップを経て初めて、仕事を究めたという境地に達する。**周囲から「本当に楽しそうに仕事していますね」と言われるようになったら、「仕事の達人」に近づいている証拠。**自信を持って楽しみを追求するといい。

仁者《じんしゃ》は難《かた》きを先《さき》にして
獲《う》ることを後《のち》にす。

優れた人は難しいとされていることに果敢に挑む。そして、そのプロセスを重視し、結果は二の次と考えるものだ。

（雍也第六／140）

「挑戦欲」を燃やす

目の前に難題が待ち構えていることがわかっていると、たいていの人は二の足を踏む。「失敗して、みっともないところをさらすのがいや」だからだ。

しかし現実問題、失敗するかどうかはやってみなければわからない。だから結果は二の次にして、とにかくやってみる。必死で取り組む。みんなが腰のひけている、やりたくない仕事だからこそ、「私がやります」と手をあげる人が仁者、立派な人間だとするのが孔子の考え方だ。「仁者」という言葉には、そんな精神も含まれているわけだ。

だとしたら、メジャーリーグで活躍するイチロー選手は典型的な仁者だ。彼は常々、「アベレージを上げることに興味はない。結果としての数字ではなく、完璧なプレーをするために練習するんだ」といっている。彼にとって練習は、まさに誰にもできない難しい課題に挑み続けるプロセスなのだ。

ビジネスではよく、重視するべきは「プロセスよりも結果」といわれるが、逆である。**「結果よりプロセス」を重視し、挑戦欲を燃やしていただきたい。**

知者《ちしゃ》は水《みず》を樂《たの》しみ、仁者《じんしゃ》は山《やま》を樂《たの》しむ。

賢く行動的な知者は、時代とともに変化するものを好む。落ち着いた人格者である仁者は、不変の真理を探究することを好む。人間には知者と仁者の両方の要素があるのだから、どちらも楽しめばよい。

（雍也第六／141）

「本質」にも「流行」にもアプローチする

右の言葉を解説すると、よく「知者と仁者、どちらが優れているんですか?」と聞かれる。しかし、どっちがいい・悪いではない。タイプとして二つに分けただけで、誰にでも知者の部分と仁者の部分がある、その両面を楽しむことを孔子は勧めている。

しいていうなら「知者」は、川の流れのように移ろう流れのなかに、新しい感動を得ようとする。「流行好き」といってもいい。一方で「仁者」は、山のように動かない、不変の原理原則を探究することが好きなタイプである。

自分がどちらのタイプかを知って、人生を楽しく過ごすのもいい。ただ、流行を追うだけだと、人間がどうしても軽くなる。かといって原理原則ばかりを重視すると、古典にひきずられてしだいに浮き世離れしていく難がある。

大事なのは、自分に合う楽しみ方をするだけではなく、異質のものにも好奇心を持つことだ。いうなれば、芭蕉の提唱した「不易流行《ふえきりゅうこう》」。**普遍性と流行の両方にアプローチすると、人間としての幅が広がる。**

夫《そ》れ仁者《じんしゃ》は己立《おのれた》たんと欲《ほっ》して人《ひと》を立《た》て、己達《おのれたっ》せんと欲《ほっ》して人《ひと》を達《たっ》す。

「こうありたい」と自分が思ったなら、自分よりもまず周囲の人たちにそれを説いて手助けをする。目標があれば、自分より先に他者の達成をサポートする。それがリーダーだ。

（雍也第六／148）

「他者のサポート」に心を砕く

これは「自分さえよければそれでいい」とする考え方の正反対をいくものだろう。ふつうなら、人は「こうありたい」という理想や、「これを達成したい」という目標に向かって、自分ががんばることしか考えない。ところがリーダーは、まずほかのみんなのことを優先する。

たとえば「もっといい暮らしをしたい」と思ったとする。そこで、周囲の人たちに一生懸命その方法を説き、一人ひとりに力を注ぐ。そうして、みんながひとまず達成したとき、最後に自分が励む。そんな具合に、**みんながよくなることを優先する**のだ。

仏教にも「誓願《せいがん》」といって、「多くの人が悟らずして自分が悟ることはない」という考え方がある。それと非常によく似ている。

そういう人の心の奥には、「〝人生の落ちこぼれ〟を出してはいけない」とするやさしさがあるように思う。まさに仁者ではないか。

述而《じゅつじ》第七

十年後、明るい未来が待っている人

Jutsuji

述《の》べて作《つく》らず。

私が説く事柄はすべて、昔の聖人や偉人たちが考え、行動し、経験したことをなぞっている。歴史と古典に学ぶことが自分の人生を豊かにするのだ。

（述而第七／149）

迷ったら、「歴史」に訊け

「愚者は経験に学び、賢者は歴史に学ぶ」

これは、ドイツの名宰相ビスマルクの言葉といわれている。いま起きている問題も、歴史をひもとけば解決の方法やヒントが得られる、ということだ。

人間社会というのは、だいたい「転換↓成長↓安定」を繰り返す。日本も然り。明治維新により長らく続いていた武家社会が崩壊。近代国家に大転換して成長した。安定期に入ったところで二つの世界大戦を経てどん底に落ちた。しかし戦後はまた大きく転換し、高度経済成長期を迎え、一九七〇年代から安定期に入ったといえる。その安定がここへきて揺らいでおり、いまは大きな転換が求められている。

そういった**大きな流れから見ると、明治維新や戦後の転換期を学ぶことが、いまの問題を解く鍵になりそうだ。**加えて大事なのは、過去の立派な人物の生き方・考え方・経験等を著した古典を読むことである。孔子の右の言葉は、古典の存在価値・利用価値をズバリいい当てているように思う。

子《し》の燕居《えんきょ》するや、申申《しんしん》如《じょ》たり。夭夭如《ようようじょ》たり。

孔子先生は厳しくて怖いところがあるけれど、くつろいでいるときは実に伸び伸びとにこやかにしている。そういう相矛盾する二面性を持っているかどうかに、人間の器量が表れる。

（述而第七／152）

心を鍛える「陰陽トレーニング」

『書経《しょきょう》』に、リーダーが内面を鍛錬する方法として「九徳」を説く記述がある。「寛《かん》にして栗《りつ》、柔《じゅう》にして立《りつ》、愿《げん》にして恭《きょう》、乱《らん》にして敬《けい》、擾《じょう》にして毅《き》、直《ちょく》にして温《おん》。簡《かん》にして廉《れん》、剛《ごう》にして塞《そく》、彊《きょう》にして義《ぎ》」——いずれも相反する要素がセットになっている。

それぞれの意味は順に、「寛大にして厳格」「柔和にしてテキパキ」「謹厳にして控えめ」「有能にして謙虚」「穏やかにして毅然」「率直にして温和」「大ざっぱにして筋が通っている」「剛毅にして押しつけがましくない」「行動的にして思慮深い」ということ。陰陽併せ持つことが、人間の器量を大きくするポイントとされているのだ。

これは心の修養に使える。**「九徳を一カ月に一つ、実践する」と決めてトレーニングをする**とよい。たとえば「今月は『寛にして栗』でいこう」と決めて、常に寛大になろう、厳格になろうと意識して行動する、というふうに。単純計算すれば九カ月で「九徳」をマスターできる。四巡、五巡とやるうちに、目に見えてバランスの取れた、リーダーの資質を十分に備えた人間になるはずだ。

道《みち》に志《こころざ》し、徳《とく》に據《よ》り、
仁《じん》に依《よ》り、藝《げい》に游《あそ》ぶ。

立派な人は道を探究し、他者を気づかい、思いやりを持って人に接し、学芸の世界を楽しみながら教養に磨きをかける。人間、そうありたいものだ。

（述而第七／154）

もっと「美意識」を磨け

ここは、ビジネスパーソン的にいうと、「役員クラスになったら、このくらいの人物でないとダメだよ」というレベルを示したところ。「道に志し」というと、すぐに天下国家のことを思い浮かべるかもしれないが、孔子はそこまで求めていない。「みんなから少しは尊敬される人間を目指そうよ」と説いている。

その拠り所が「徳」と「仁」なのは当然として、ユニークなのは「藝に游ぶ」ということをあげている点だ。ポイントは「游」の字。さんずいがついていることからわかるように、海や川、プールなどで、水に入って解放感を満喫している感覚を表している。つまり水と戯れるように、自由気ままに教養に親しむことを重視しているのだ。

教養とは古典を読むことをはじめ、書や絵画、音楽、舞踊、お茶、お花など、趣味的な楽しみごとと捉えていい。いまのビジネスエリートは仕事一辺倒でゆとりがなさ過ぎる。**趣味を通じて教養を磨くことも、立派な人間に必要な要素の一つ**なのである。

憤《ふん》せざれば啓《けい》せず。

学ぶ本人が発憤していなければ、教えるほうとしては指導する気になれない。教えを受けるには受けるなりの姿勢が求められる。

（述而第七／156）

会うべきは「同年代のすごい人」

学ぶ姿勢として重要なのは、「発憤」すること。たとえば上司から何か教えてほしいなら、「何がなんでも教わりたい」という強い気持ちをぶつけるくらいでないといけない。そうでないと、教える側も「よし、教えてやろう」と発憤できないではないか。続くくだりで孔子は、「悱《ひ》せざれば發《はっ》せず。一隅《いちぐう》を擧《あ》げて三隅《さんぐう》を以《もっ》て反《かえ》らざれば、則《すなわ》ち復《ふたたび》せざるなり」と述べている。「いいたいことをきちんと表現する、あるいは一部を示しただけで全体を推測するなどして、わかろうとする気構えがなければ、もう一回教える気にならない」と、かなり手厳しい。

では、どうすれば発憤できるか。私がお勧めするのは、**同年代のすごい人に会うこと**だ。そうするとどうしたって「同じ年ごろなのに、どうしてこんなにも差があるんだ。自分ももっとがんばらなければ」と刺激を受けるはずだ。

自分自身を「もっと知識を吸収したい」「もっとスキルを上げたい」とウズウズしている状態に追い込むと、必ずや上司や先輩からいい教えを受けることができる。

必《かなら》ずや事《こと》に臨《のぞ》みて懼《おそ》れ、謀《はかりごと》を好《よ》くして成《な》さん者《もの》なり。

何事も準備万端で臨む者でないと、行動を共にできない。戦略も戦術もなく、闇雲《やみくも》に突っ走る無謀にして無策な人はごめんだ。

（述而第七／158）

悲観的に準備し、楽観的に行動する

前段の問答がおもしろい。発端は、孔子が顔淵《がんえん》に「自分を認めて登用してくれる人がいればわが道を行く。しかし認められなければ、職を退く。そんなふうに淡々と出処進退ができるのは、お前と私くらいだね」といったこと。これを聞いた子路《しろ》は、嫉妬心も手伝って「大軍を率いる場合、先生は誰といっしょに行きますか」と尋ねた。

子路は腕っ節の強さには自信があるので、おそらく孔子は自分の名をあげてくれると期待したのだろう。ところが、返ってきた返事が実に辛辣。「素手で虎を捕まえようとか、大きな川を徒歩で渡ろうとか、簡単に命を捨てる、お前のような無謀な人間はごめんだね」といったのだ。それに続けて出たのが、右の言葉である。

これは私流にいうと、**「悲観的に準備し、楽観的に行動する」**ことにほかならない。事に臨むときには、慎重のうえにも慎重に準備を重ねて、「よし、いける」と確信したら、うまくいくことを信じて突き進む。準備不足だと、不安が先に立ち、うまくいくこともうまくいかない。それは無謀なだけで、勇敢でもなんでもないのだ。

不義《ふぎ》にして富《と》み且《か》つ貴《とうと》きは、我《われ》に於《おい》て浮雲《ふうん》の如《ごと》し。

不当なことをして財産や高いポジションを得ても、寄る辺ない浮雲のような暮らしになる。貧乏暮らしでも、義を貫いて生きるほうが、明るい未来が開けていて、よほどおもしろい。

（述而第七／163）

「十年後の自分」で勝負

私は常々、「十年かけて取り組めば、なんだってできるよ」といっている。「延べ十年」ではなく、**毎日欠かさずに十年、少しずつ勉強を積み重ねていく**、ということだ。

やり方はいたって単純。自分がマスターしたいことに関する本の総ページ数を三千六百五十日で割って、毎日均等にそのページ数分読むだけだ。たとえば将来的に勝負したい分野が経営ならＭＢＡ、会計なら税理士や会計士、法律なら弁護士、といった具合に、資格取得を目指すのだ。どんな分野であれ、資格があれば将来進む道の選択肢が広がる。あるいは興味のある分野の知識を学ぶ、というスタイルでもいい。

いずれにせよテキストの総ページ数から一日に学ぶページ数を決めて取り組む。ただし決めたページ数以上をやってはダメ。がんばり過ぎると挫折してしまうので、ムリなくできる範囲に留めるのが継続させるコツである。そういう姿勢で勉強に取り組むと、不当なことをしてまで儲けたい、出世したいとは思わなくなる。たとえいまが貧乏暮らしでも、「十年後を見てろよ」と正しい道を進んでいけるのだ。

憤《いきどおり》を發《はつ》して食《しょく》を忘《わす》れ、樂《たのし》みて以《もつ》て憂《うれ》いを忘《わす》れ、老《おい》の將《まさ》に至《いた》らんとするを知《し》らずと云爾《しかいう》。

知的好奇心はますます盛んになる一方だ。真理の探究に情熱を傾けるあまり、寝食を忘れ、悩みも心配も忘れている。楽しくて、自分が年老いていくことすら忘れるくらいである。それが私という人間だ。

（述而第七／166）

「気がついたら老いて死を迎えた」

これはいわば「言葉で描いた孔子の自画像」。弟子の子路が葉《しょう》という地方の長官から「孔子先生はどういうお方ですか」と尋ねられて答えなかった。それを知った孔子が、「どうしてお前は私がこういう人間だと答えなかったのだ」と語った言葉である。

年齢を重ねるにつれて、好奇心が薄れていけばいくほど、老後の生活や暮らしに対する不安が膨らんでくるものだ。それでは愉快な人生が送れない。**知的好奇心のままに、心が沸き立つような刺激を求め、それに夢中で取り組む。**そんな少年のような心を持ち続けていたい。そうすれば「気がついたら老いて死を迎えた」というような、この上ない最期を迎えられるだろう。

世の中には「生涯現役」を通す人はたくさんいる。たとえば「いままでの作品で一番よかったのは?」と聞かれて「次の作品だよ」と答えたチャップリンのように。心に前向きのエネルギーが満ちている限り、人は余計なことに煩わされることなく、愉快な人生が送れるのである。

子《し》、怪《かい》・力《りょく》・亂《らん》・神《しん》を語《かた》らず。

孔子先生は怪しげな超常現象については語らなかった。確かなことだけを信じるリアリストである。

（述而第七／168）

「確かなもの」だけを信じる

怪談話は盛り上がる。霊が憑《つ》いただの、祟《たた》りがあっただの、といった話にもついつい引き込まれる。

また現代でも、不倫報道が人々の興味を引きつけることからもわかるように、倫理に反する行ないがあれば、噂話がそこここに飛び交う。

神様の話ばかりする人たちもいる。

そういったものはすべて、不確かなもの。孔子は一切受けつけなかったという。**確かなものだけを根本に置くリアリスト**なのである。

超常現象に目を向けることを悪いとまではいわないが、そこにどっぷりはまると生き方を見失う。ほどほどにしたほうがいい。

三人行《さんにんゆ》けば、必《かなら》ず我《わ》が師《し》有《あ》り。其《そ》の善《ぜん》なる者《もの》を擇《えら》びて之《これ》に従《したが》い、其《そ》の不善《ふぜん》なる者《もの》にして、之《これ》を改《あらた》む。

自分を含めて三人で行動したら、あとの二人は必ず自分にとって師となる人だ。よい人のことは見習い、よからぬ人のことは反面教師としなさい。

（述而第七／169）

友だちは選ばなくてよい。なぜなら――

「友だちは選ばなくてはいけないよ」とは、よく聞くアドバイスだ。優秀で品行方正な友人とつき合い、いい感化を受けることを願ってである。

しかし孔子は、**「友だちは選ばなくてよい」**という。なぜなら、どんな友だちでも、自分とは違う誰かであり、何か学ぶところがあるからだ。「自分以外の人はみんな、自分にとっての先生になりうる」ということだ。

実際、さほど優秀ではなく、品行方正とはいいがたい友だちでも、少なくとも「反面教師」になる。「人の振り見て、わが振り直せ」の精神で、自分を成長させるためのチャンスだと捉えればいい。

そうして「この人のここがダメ」「あの人のあそこがダメ」というふうに、〝ダメ項目〟をリストアップしてみることをお勧めする。そのリストを自分自身のチェック項目として活用するのだ。自分のダメなところを減らすことが期待できる。併せて、優れた人のいいところを真似するよう努めると、いっそう能力に磨きがかかるはずだ。

君子《くんし》は坦《たん》として蕩蕩《とうとう》たり。小人《しょうじん》は長《とこし》なえに戚《せき》戚《せき》たり。

優れた人物は、いつも心が平静で伸びやか。大したことのない人ほど、自分をよく見せようとこせこせしている。

（述而第七／184）

せこく立ち回らない

優れた人物、とりわけリーダーに必要なのは、常に気力に満ちあふれていることだ。自分のやりたいこと、やるべきことを第一義に考え、いかなる困難も「来るなら来い」と、どんと受け止める。

だから心はざわつくことなく、いつも平静。**「周囲によく見られたい」などと考えることもないので、せこく立ち回ることもない**。心は伸びやかで、態度はゆったりとしているのだ。これぞ「リーダーの風格」というものだろう。

細かいことが気になったり、自信をなくしたりしたときには、ぜひ自分自身にいい聞かせていただきたい。「君子は坦として蕩蕩たり」と。それだけでも心のざわつきが収まり、こせこせした振る舞いに歯止めをかけられるはずだ。

泰《たい》伯《はく》第八

「自己向上」に終わりはない

Taihaku

泰伯《たいはく》は其《そ》れ至徳《しとく》と謂《い》う可《べ》きのみ。三《み》たび天下《てんか》を以《もっ》て譲《ゆず》り、民得《たみえ》て称《しょう》する無《な》し。

善行というのは、誰にも気づかれずにやるからこそ尊いものだ。自分から「こんなにいいことをした」と触れ回るような振る舞いは、善行でもなんでもない。

（泰伯第八／186）

善行は人知れずやるもの

この項で孔子は、泰伯《たいはく》という人物を最高の徳の持ち主だと讃えている。理由は、自分が父の王の後を継ぐ長男であったにもかかわらず、父が「三男の子（文王《ぶんおう》）の時代にわが国は栄えるぞ」と何気なくいったことを尊重し、国の将来のためにと、三男の季歴《きれき》に位を譲ったからだ。それも、次男の虞仲《ぐちゅう》とともに南方に行き、身を隠すという方法で。わざわざ**「譲る」といわずに、人知れず身を退いたことが美しい**。孔子はそう感じたのだ。

現実に、季歴の孫である武王《ぶおう》が、殷《いん》王朝を倒して周《しゅう》王朝を建てたわけだから、泰伯の隠遁《いんとん》は英断ともいうべきものだろう。

善行というのはこうでなくてはいけない。危ない場所に気づいたり、放っておいたら困る人が出てくるような事柄に出くわしたりしたら、誰にもいわずに自分で手当てをしておいてあげる。そういったことが善行なのだ。もっといえば、それは天意に沿った行動であり、誰かに「俺がやった」と吹聴《ふいちょう》するものではないということだ。

君子《くんし》の道《みち》に貴《とうと》ぶ所《ところ》の者《もの》三《さん》あり。容貌《ようぼう》を動《うご》かして、斯《ここ》に暴慢《ぼうまん》に遠《とお》ざかり、顔色《がんしょく》を正《ただ》しくして、斯《ここ》に信《しん》に近《ちか》づき、辭氣《じき》を出《いだ》して、斯《ここ》に鄙倍《ひばい》に遠《とお》ざかる。

乱暴な振る舞いをしない、気分のムラがない。ぞんざいな言葉使いをしない——この三つを大切にするのが、立派な人物の心得である。

（泰伯第八／189）

「品格」が悪意のある人を遠ざける

これは、孔子の高弟である曾子の遺言のようなもの。危篤になったときに、見舞いにやって来た魯国の重臣、孟敬子《もうけいし》に「立派な人物が重視するべき三つの心得」について語った言葉である。崇高な哲学を説くでもなく、平易な言葉で、誰もが実践しやすい身近な行ないを説いている点に、儒教のすばらしさを感じる。

最近は、業績こそが重要で、言動が少々乱れていてもかまわないと考えている人もいるようだ。しかし実は、そんなことはない。たとえば秘書に対して暴言を吐いたとか、不倫を疑われる行動があった、弱者を侮辱する発言をしたなど、目にあまる振舞いをした政治家に対して、強烈なバッシングの嵐が吹き荒れたではないか。実績以前の問題として、品格が問われる部分はいまも大きいのである。

立場が上になればなるほど、端正な身のこなしを心がける。それが悪意のある人を遠ざけ、多くの人の信頼を得ることにつながるのだ。

六尺《りくせき》の孤《こ》を託《たく》す可《べ》く

幼少の子どもを誰に託したいかを考えてみるといい。おそらく「派手さはなく、不器用だが、実のある人間」に行き着くだろう。その人こそが真の友人だ。

（泰伯第八／191）

「大事なものを託される人」を目指せ

もしあなたが余命いくばくもなく、幼いわが子を肉親以外の誰かに託すとする。どんな人を思い浮かべるか。この仮定の話を友だちにぶつけてみた場合、「縁起でもないこというなよ。でも大丈夫、俺が面倒を見てやるよ。経済的に余裕があるから、学校も出してやるし、うまいものも食わせてやる」などと安請け合いする人は、とても信じられないだろう。いざ現実になると知らん顔をするのは目に見えている。

むしろ、「うーん」と考え込んで、「どれだけのことができるかはわからない。でも、力になるよ。ギリギリの生活しかさせてあげられないけど」などと真摯に答える人のほうが安心できる。言葉に重みがあって、「実のある人間」だとわかるからだ。

「実のある人間」は深刻な問題に軽口を叩かず、親身になってくれるし、暮らしぶりにも派手さはなく、**無愛想で不器用だけれど正直に生きている**もの。そういう人を友とし、自分自身の目指す人物像にするといい。折りに触れて、「六尺の孤を託す可く」とつぶやくと、実のある人間の輪を広げていくことができるだろう。

士《し》は以《もっ》て弘毅《こうき》ならざる可《べ》からず。任重《にんおも》くして道遠《みちとお》し。仁以《じんもっ》て己《おのれ》が任《にん》と為《な》す。亦重《またおも》からずや。死《し》して後《のち》に已《や》む。

人生でやるべきこと。その任務は重く、達成までの道のりは遠い。死ぬまで休む暇なんかありはしない。

（泰伯第八／192）

「体」は休ませども「頭」は休ませず

徳川家康の遺訓とされる言葉の一節に、「人の一生は重き荷を負いて遠き道をゆくが如し」というものがある。おそらく家康の頭には、論語のこの言葉があったのではないだろうか。

たしかに、「弘毅」——度量が広く意志の強い人物であろうとするのは、負担が重く、達成までの道のりは遠い。死ぬまで、忍耐あるのみ、である。

吉田松陰は弟子が「ちょっと休みをいただいて」などというと、「何をいってるんだ。休むのは死んでからだぞ」といったらしいが、私もよく同じようなことをいう。いま世を挙げて主張している「働き方改革」が「休みなさい」といっているのと大違いだ。

もちろん休むことも大事だが、それは体の話。**頭のほうは、休みなく任務遂行のことを考えているのが望ましい。**志の手綱を緩ませるな、ということである。

民《たみ》は之《これ》に由《よ》らしむ可《べ》し。
之《これ》を知《し》らしむ可《べ》からず。

多くの人に物事を知らせることは難しい。それを前提にして、なぜそれを知るべきなのか、という理由をしっかりと述べなくてはいけない。リーダーには、そういう説明責任がある。

（泰伯第八／194）

「納得させる」ことが上司の責務

ここはよく「国民は何もわからないんだから、下手に情報を与えないほうがいい。政権は本当のことは隠しておいていい」などと誤って解釈されるところ。天下の孔子がそんなバカなことをいうわけないではないか。

本来、「国民に政策を理解してもらうのは難しいと思って、その政策がどういう理由で出てきたものかをきちんと説明しなくてはいけない」というふうに、逆に読むのが正しい。

会社だって、上の者が何の説明もなく指示を出したところで、部下は満足に動けない。下の者が「そういう理由で、この仕事をするんですね」と納得できるまで、じっくりと説明してやる必要がある。

有無をいわせずにやらせるのは上司の怠慢でしかない。**納得してやらせることが、上司の果たすべき説明責任**なのである。

學《がく》は及《およ》ばざるが如《ごと》くするも、猶《な》お之《これ》を失《うしな》わんことを恐《おそ》る。

不思議なもので、学べば学ぶほど、なお学び足りないものが見えてくる。その学習意欲のままに、飽くなき探究を続けなさい。同時に、一度学んだことは忘れないよう心がけるのも大事なことだ。

（泰伯第八／202）

「飽くなき探究心」を育てる

私が中国古典を学び始めたのは、二十代も半ばを過ぎたころのこと。いわゆる「後学の徒」だ。そのために、同じ分野で仕事をする人の三倍も四倍も学ばなくてはならなかった。

しかし学んでも学んでも、知識が増えはしたが、それ以上に「もっと学びたい」と思う事柄が増えていったような気がする。これがおもしろい。楽しい。いつまで経っても、学び尽くすことができないからこそ、向学心を保つことができたのだと思う。

仕事でも趣味でも、その世界を極めようとすれば、「もっと知りたい」「もっと上達したい」という思いが衰えることはない。それどころか、ますます意気盛んになるだろう。

そんな「**飽くなき探究心**」は、何かを学ぶことから生まれ、育つものである。興味引かれるものと出合ったら、とにかく学んでみることが出発点になる。

子《し》罕《かん》第九

あなたは必ず変わることができる

Shikan

子《し》四《し》を絶《た》つ。意《い》毋《な》く、必《ひつ》毋《な》く、固《こ》毋《な》く、我《が》毋《な》し。

自己鍛錬に必要なのは、四つのものを絶つことだ。第一に自分勝手な「意」、第二に決めた通りにやらなければ気がすまない「必」、第三に一つのことに執着する「固」、第四に自分のことしか考えない「我」である。

（子罕第九／210）

執着を捨てる四つのポイント

「意」「必」「固」「我」の四つがないとはつまり、**自分への執着がない**ということだ。

・自分勝手だと、他者を思いやることがなくなる
・自分で決めたことにこだわると、他者に対してムリを強いることになる
・一つのやること、いうことに固執すると、他者に柔軟に対応しなくなる
・我を張ると、他者を受け入れなくなる

といったことはすべて、自分への執着から起こる。いってみれば「排除の論理」に従って行動することにほかならない。こうした自分への執着を捨てない限り、周囲から疎《うと》んじられるだけだ。柔軟な思考もできないため、事がうまく運ぶわけもない。

さらにいえば、「意」「必」「固」「我」の四文字は、人のいうことに聞く耳を持たないガンコな年寄りや、自分の考えややり方を部下に押しつけるワンマンなリーダーの特徴をズバリいい当てたものでもある。そうなりたくないのなら、我を張るのはほどほどにして、頭と心を柔らかくすることを心がけたい。

吾少《われわか》くして賤《いや》し。故《ゆえ》に鄙事《ひじ》に多能《たのう》なり。

私は若いときは賤しい身分だったから、下々の仕事をたくさんやった。そのおかげで、いろんなことに精通できた。生きていくうえでムダな苦労など一つもない。

（子罕第九／212）

その苦労は〝必ず〟生きる

前段に、「大宰《たいさい》」という、日本では総理大臣に相当する人物と、孔子の弟子の子貢《しこう》との間に、次のようなやりとりがあったことが書かれている。

大宰「孔子はいろんなことに精通しているね。聖人なのかな」

子貢「はい、先生は天から聖人の使命を授かりました。だから多能多芸なのです」

子貢は先生の孔子を褒められて、とてもうれしかったのだろう。しかし、二人のやりとりを聞いた孔子は「大宰は私のことをご存じないようだね」と前置きして、右のことをいったのである。**若いころの苦労というのは何であれ、長じてから貴重な能力を開花させる**ものである。どんな仕事も厭《いと》わずにやったほうがいい。

また孔子は、若いころの苦労があったからこそがんばれたのだろう。何かつらいことがあっても、「あのときの苦労を思えば」というふうに思い出し、初心を忘れなかったのだと思う。「鄙事に多能なり」とは「初心に返る」ことの大切さを伝えるものでもあるのだ。

子《し》、川《かわ》の上《ほとり》に在《あ》りて曰《いわ》く、逝《ゆ》く者《もの》は斯《かく》の如《ごと》きか。晝夜《ちゅうや》を舎《や》めず。

思い浮かぶ、あの顔、この顔。しかし、彼らはもういない。時は絶え間なく行き、過ぎていく。この川の流れのように。

（子罕第九／222）

人生は短い――孔子の「無常観」

ここを読むと、私は鴨長明の『方丈記』にある冒頭のくだりを思い出す。

「ゆく河の流れは絶えずして、しかももとの水にあらず。淀《よど》みに浮かぶうたかたは、かつ消えかつ結びて、久しくとどまりたるためしなし。世の中にある人とすみかと、またかくのごとし」

孔子もまた、日本人と同様、「無常観」を持っていたのだなと思うと、感慨深いものがある。

論語には教訓ばかりではなく、こんなに文学性の高い記述もあることを知っていただきたい。

人生の儚《はかな》さ。人生は長いようで短い。人生の貴重さを忘れないでほしい。

吾未《われいま》だ徳《とく》を好《この》むこと色《いろ》を好《この》むが如《ごと》くなる者《もの》を見《み》ざるなり。

若いときは色恋を好むものだ。それは当たり前。その恋にかける情熱が強ければ、「立派な人物になろう」という思いも増す。恋は徳を積むためのエネルギー源とするのがいい。

（子罕第九／223）

「恋愛」は徳を磨くきっかけに

ふつうに解釈すると、「色恋よりも徳を好む人に、私はいまだお目にかかったことがない」という意味だが、それは当然といえば当然だろう。若いときは誰しも、好きな相手と恋愛することしか頭にない、といっても過言ではない。それを「ダメですよ」というのは、あまりにも無粋ではないか。だから「色」と「徳」を同列に置いていい。

実際、異性にモテたいと思えば、いい男・いい女になろうと努力をする。恋愛をすれば、男も女も輝きが増す。そこにフォーカスすれば、**恋愛に対して注ぐ情熱を「徳を磨く」ことにも転化できる**はずだ。

私も高校生のころから自分で稼がなくてはならなかったので、「手っ取り早く金になる仕事」を探した。それがバンド活動だった。当時の関心事は、音楽に熱中して、ギターの腕を上げることと、いっぱしのミュージシャンになって女性にモテること。その思いが強かったおかげで、生きるファイトがみなぎっていたように思う。恋をすれば、自然と人物も磨かれていくものなのである。

譬《たと》えば山《やま》を為《つく》るが如《ごと》し。
未《いま》だ一簣《いっき》を成《な》さざるも、
止《や》むは吾《わ》が止《や》むなり。

あとひと息で完成するというとき、その「あとひと息」をがんばれなかったら、すべての努力は水泡に帰す。誰の、何のせいでもない、やめたのは自分自身だと自覚しなさい。

（子罕第九／224）

「あと一%の努力」ができるか

これと似た言葉が『書経』にある。それは、「山《やま》を為《つく》ること九仞《きゅうじん》にして、功《こう》を一簣《いっき》に虧《か》く」というもの。直訳すると、「最後に一杯のもっこの土を欠いても、山は完成しない」。このたとえから、「事を九十九%まで成したところで、最後にわずかな油断をしたために失敗する」ことを意味する。

孔子はさらに厳しく、**「あと一%の努力を惜しんだのは自分自身である」**と指摘する。「あとひと息だったんだけど、ちょっと体調が悪くてさ」とか、「あとひと息だったんだけど、思わぬところから横槍が入ってさ」といった抗弁を許さないのである。

その意味では、「努力したんだけど、うまくいかなかった」ということはありえない。「自分の勝手であと一%の努力を怠った結果、うまくいかなかった」というのが本当のところである。何であれ、物事に取り組むときは、「もう終わりにしようかな」と思った瞬間に、「いや、あともうひとがんばり」と自らを叱咤激励していただきたい。

後生《こうせい》畏《おそ》る可《べ》し。焉《いずく》んぞ來者《らいしゃ》の今《いま》に如《し》かざるを知《し》らんや。四十五《しじゅうご》十《じゅう》にして聞《きこ》ゆること無《な》くんば、斯《こ》れ亦《また》畏《おそ》るるに足《た》らざるのみ。

若い者を見くびってはいけない。いまの自分より後輩のほうが優れていることだってある。ただし四十、五十になってもまだ評判が立たないような人は、もうおそれるに足りない。

（子罕第九／228）

「若者」からもどんどん学ぶ

古代エジプト時代から、年長者はよく「近ごろの若い者ときたら……」とぼやいていたと伝えられる。自分のほうが年齢が上というだけで、若い人をみくびる傾向があるのだ。社会人の先輩の目には、頼りなく映るのだろう。もしかしたら、若手に追い抜かれたくないという気持ちが潜んでいるのかもしれない。

しかし孔子は、「年齢は問題ではない」と明言する。若者のなかには、未熟ではあるけれど、年長者にない能力や発想を持った人がいる。そこを認めてやるのが、年長者の余裕というものだろう。

続く言葉はもっと厳しい。「三十代までにある程度がんばって、成長を形にしておかないと、四十、五十以降になってからがみじめだよ」といっているように聞こえる。

ここは、「近ごろの若い者は大したもんだ」の視点を持って、**若手に対しても学ぶべきところは学ぶべきだ。**とくに四十前の働き盛りの人は、若手にいちゃもんをつけている暇はないのである。

歳寒《としさむ》くして、然《しか》る後《のち》に松柏《しょうはく》の彫《しぼ》むに後《おく》るるを知《し》る。

木々が枯れ果てる厳寒の冬になると、松や柏の葉の青さが目立ってくる。その姿を見ると、どんな不遇なときであろうと、自分も努力を続けて生きていこうと励まされる。人生の〝冬の時代〟こそ、人間の真価が問われるのだ。

（子罕第九／233）

不遇のときこそ、力強く生きる

不遇のときというのは、誰にでもある。たいていは、落葉樹が枯れしぼんでいくように、身も心も細ってしまうものだ。悪くすると、がんばってやってきたことを「もうダメだ」とあきらめたり、自分の目標や考えを曲げて生き残りをはかったりする。

しかし孔子は、「松や柏を見よ」という。たしかに、**常緑樹は季節や環境に左右されずに、自分の生きるべき道を生きている。**私たち人間もそれにならって、なんとか元気を保ち、ブレずに生きていこうと腹を据えるといい。

どんな境遇に陥っても、あきらめず、ヤケにならず、自分の思うところを目指してコツコツ努力を続けていけば、いつの間にかライバルたちがいなくなり、自分一人だけが勝ち残る、ということもある。

私自身、この言葉にどれだけ励まされたか。わが身の不運を嘆きたくなったら、公園にでも行って、常緑樹を眺めるといい。必ず元気がわいてくる。

知者《ちしゃ》は惑《まど》わず。仁者《じんしゃ》は憂《うれ》えず。勇者《ゆうしゃ》は懼《おそ》れず。

生きる知恵を身につけた者は、迷ったり、悩んだりしない。他人の喜びを自分の喜びとする者は、我欲がないから憂えることがない。勇気のある者は、何事にも怯まず立ち向かう。「知仁勇」は人間のあるべき姿の原点である。

（子罕第九／234）

自分のなかの「根っこ」に気づく

ここにある「知者・仁者・勇者」は、すべての人に備わっている三つの資質と捉えるといい。論語では一貫して「正しく幸せに生きるための『根っこ』を知る」ことの重要性を説いている。その「根っこ」が「知仁勇」。人間のあるべき姿の原点だ。

「知」とは、知識・情報が豊富なことではなく、物事の道理をよくわきまえていること。だからどんな局面でも、迷いも悩みもなく行動できる。「仁」とは、人を思いやること。自分のことなど視野の外に置いて考え、行動するので、「なんて自分は不運なんだ。不遇なんだ」などと嘆くことはない。「勇」とは、「無鉄砲」とは違って、正義を貫くことを意味する。「やらない勇気」も勇気のうちである。

これら**「知仁勇」が三拍子そろった人間は強い。**この「根っこ」はすべての人に備わっているのだから、いつでもそれを再認識できる。心配事や不安、悩みなどがあるときは、ぜひこの言葉を嚙みしめてほしい。自ずと自分のなすべきことがわかり、最善の道を進んでいけるだろう。

未《いま》だ之《これ》を思《おも》わざるなり。夫《そ》れ何《なん》ぞ遠《とお》きことか之《こ》れ有《あ》らんや。

心からやりたいと思うのなら、やれないことは何もない。条件が整わずとも、やりたいと思い続けることが大切なのだ。

（子罕第九／236）

必要なのは「強い思い」だけ

前段に、すももの花の詩のフレーズがある。花弁が互いに背を向けている様にたとえて、「あなたのことをこんなに思っているのに、互いの家が遠すぎて会えない」と嘆いている〝心模様〟を表現したものだ。

しかし孔子は、「本当に恋しいと思っているなら、互いの家が遠いことなどあるものか」という。やや情緒に欠ける発言ではあるが、孔子が伝えたかったのは、思い続けることの大切さだ。

これは恋愛に限ったことではない。たとえばやりたいことがあるとき、条件を整えることばかり要求する人がいる。「お金があって、優秀な人材がいて、設備が完璧なら、できるんですけどねえ」というふうに。

それでは思いが足りないといわざるをえない。**本当にやりたいのなら、条件なんて吹き飛ぶものだ。**たとえ足りないことだらけでも、強い思いを持ち続けていれば、その不足を補う工夫もできよう。遠い目標への距離をぐっと縮めることが可能なのだ。

郷党《きょうとう》第十

振る舞いには「すべて」が表れる

Kyoto

太廟《たいびょう》に入《い》りて、事毎《ことごと》に問《と》う。

新人のうちは、与えられた仕事について、どういうやり方をすればいいかを一から十まで、先輩に教えてもらうことを心がけなさい。それが先輩への礼儀というものだ。

（郷党第十／250）

新人の心得

孔子は若いころから、祭事の礼儀作法をわきまえていた。巫女《みこ》である母親を手伝い、祭事の道具を運ぶ仕事をしていたからだ。それにもかかわらず、政府の役人になり、朝廷で祭事を行なうことになったとき、先輩に「これはどうすればよいのですか」「これはこのやり方でいいのですか」と、ことごとく質問した。そんな孔子を見て、「新人の孔子くんは何も知らないんだね」とバカにする人もいたという。

しかし孔子としては、先輩に教えを請うという形で、礼を尽くしたのである。

これはいわば「新入社員心得」として覚えておいてほしいことだ。新入社員の分際で、自分のやり方を通すのは無礼もいいところ。その会社には会社のやり方、流儀というものがあるのだから、わかり切ったことでも面倒がらずに「こういうふうにやっていいですか」と、いちいち確認を取ったほうがいい。先輩の指示に対して、「いや、そのやり方はよくないでしょう」と反発するなど、もってのほか。とくに**新人のうちは、仕事のことごとくを先輩に教えてもらう姿勢を示すことが礼儀**だと心得たい。

寝《い》ぬるに尸《し》せず。居《お》るに容《かたち》づくらず。

寝ているときもだらけてはいけない。しかし、だからといって、家にいるときまで緊張することはない。身支度だけはちゃんと整え、大いにくつろいで過ごしなさい。

（郷党第十／252）

休んでいるときも、だらけない

死んだように眠る、ということはある。ひどく疲れていたり、酒を飲み過ぎたりすると、周囲が「死んでるんじゃないか」と心配するくらい、体から力が抜ける。ある程度、しかたのないことではあるが、孔子はそんなふうではいけないと手厳しい。これは逆にいえば、行儀よく休む余力を残して、日中を過ごしなさい、ということでもある。

だからだろう、家にいるときはくつろいで過ごすことを推奨している。ただし、くつろぐといっても、日中もパジャマ姿のままとか、だらしなく寝そべっている、といったことではない。不意に来客があっても、そのまま家に迎え入れることができるよう、居ずまいは正しておくことが前提だ。

ようするに、**起きているときも、寝ているときも、だらしない姿をさらすな、**ということである。ささいなことだと思うかもしれないが、これを心がけると、常に端正な振る舞いができるので、間違いなく人格に磨きがかかる。

車中《しゃちゅう》にては内顧《ないこ》せず。疾言《しつげん》せず。親《した》しく指《ゆびさ》さず。

ちょっとした振る舞いにも人間性は出る。きょろきょろして落ち着きがなかったり、早口でしゃべりまくったり、やたら人や物を指差したりする人は、人間ができていない。

（郷党第十／253）

食べ方、持ち方、歩き方……一つひとつを丁寧に

ここであげられていることは、どれもやってしまいがちなことばかり。周囲からは〝挙動不審な人〟と見られてしまうだろう。

私はこれに、「歩き方」を加えたい。足を引きずったり、つんのめるようにちょこちょこ足を運んだり、上体が左右どちらかに傾いたり、腹を突き出すようにしたりして歩く姿というのは、非常にみっともない。人間性を象徴するようでもある。

一流の映画監督などは俳優を採用する際、決まって「ちょっと歩いてみてください」と、歩き方をテストするくらいだ。それを見れば一発で、「心が固いな」「落ち着きがないな」「自信がないな」「傲慢そうだな」といったことがわかるのだ。

ほかにも座り姿とか、食事の仕方、お茶の飲み方、荷物の持ち方、笑い方、声の調子など、日常のありとあらゆる動作に人間性は表れる。動作に何か見た目のよろしくないクセのある人には、**一つひとつの動作を丁寧にすることで、外側から人間性を正していく**ことをお勧めする。

色《いろ》みて斯《ここ》に擧《あ》がり、翔《かけ》りて而《しか》る後《のち》に集《とど》まる。曰《いわ》く、山梁《さんりょう》の雌《し》雉《ち》、時《とき》なるかな時《とき》なるかなと。

雌の雉《キジ》は飛び去ったり、上昇して飛び回ったりしながら様子をうかがい、安全と見ると静かに地上に降り立つ。その様を見て孔子は「時機を心得ている」と感心した。

（郷党第十／254）

時機に乗じる

チャンスが来たときに「いまだ！」とつかみ取るためには、常にいまの情勢を注意深く観察していることが必要だ。ボーッとしていては、チャンスが来たことにも気づくことができないからだ。孔子は雌の雉を見ていて**「絶妙のタイミングを見事にとらえた」**と感心したのである。

続きがちょっとおもしろい。このときの孔子の言葉を聞いた子路が、「時だな」というのを「食べごろだな」と勘違いしてしまったのだ。子路はその雌雉を捕まえ、調理して孔子に供したという。

孔子はさぞ困惑したことだろう。それでもさすが人格者というべきか、道義としてその雉を食べるわけにはいかないが、子路の気持ちに配慮して、何度もにおいをかいでから立ち去ったのだった。狼狽したであろう孔子の様を想像すると、少々親しみやすいものを感じるのではないだろうか。

先《せん》進《しん》第十一

いつも慎重であれ、丁寧であれ

Senshin

南容白圭《なんようはくけい》を三復《さんぷく》す。孔《こう》子《し》其《そ》の兄《あに》の子《こ》を以《もっ》て之《これ》に妻《めあ》わす。

一度口にした言葉は、もう取り返しがつかない。話をするときはそう覚悟して、言葉を慎重に選ぶ必要がある。それができる人間は信用に値する。

（先進第十一／259）

慎重に「言葉を選ぶ」

孔子は弟子の南容《なんよう》を、信用に足る人物と評価し、兄の娘の婿とした。その理由は、南容が日ごろから自分の発言に、注意に注意を重ねていたからだ。

ここにある「白圭」とは、『詩経』大雅抑篇《たいがよくへん》にある句――「白《しろ》き圭《けい》の玷《か》けたるは尚《なお》磨《みが》く可《べ》きも、斯《こ》の言《げん》の玷《か》けたるは為《おさ》む可《べ》からず」を指す。つまり、「玉ならば欠けたところがあれば修復できるが、失言は取り返しようがない」ことを意味する。

いまも失言により失脚する人は少なくない。後になって、「そんなつもりでいったのではない」と言い訳しても、「そんなことといってませんよ」と取り消しても、世間はそんなごまかしを許しはしないのだ。ＳＮＳ全盛の世の中にあってはなおのこと、うっかり失言したことで大変なバッシングを受けることになる。

南容が繰り返し「白圭」を読んで発言に注意したように、誤解を招かないよう、慎重にも慎重を重ねて言葉を選ばなければいけない。芭蕉にも「物いえば唇寒し秋の風」というい句がある。**発言する前にひと呼吸置いて、内容を吟味したほうがいい。**

噫《ああ》、天予《てんわれ》を喪《ほろ》ぼせり、
天予《てんわれ》を喪《ほろ》ぼせり。

弟子の顔回が、自分より先に逝ってしまうとは。天は私を殺そうというのか、殺そうというのか。

（先進第十一／262）

部下を「わが子」のごとくかわいがる

孔子は弟子の顔回を非常にかわいがっていた。わが息子のように愛していた。弟子のなかでも一番信用していて、自分の後継者にしたいとまで考えていた。だから顔回に先立たれたとき、こんなにも嘆いたのである。「天は私を殺した」とは、すさまじい言葉である。

私たちがここから学ぶべきは、万が一部下がいなくなったとき、自然とこういう言葉が口をついてでるくらい、**信用できる部下を持ち、とことん面倒を見てやろうと心がける**ことだ。そんな上司を目指してほしい。

敢《あえ》て死《し》を問《と》う。曰《いわ》く、未《いま》だ生《せい》を知《し》らず、焉《いずく》んぞ死《し》を知《し》らんと。

まだ生とは何なのかも理解していないのに、死がどういうものかはわからない。そんなことより目の前のことに一生懸命になりなさい。

（先進第十一／265）

「いま」を全力で生きる

孔子はリアリストだ。前段では、子路から「鬼神に仕えるとはどういうことか」と問われ、「生きている人間にさえ、ちゃんと仕えることができていないのに、どうして死んだ人に仕えられるものか」と答えている。

これは、いまを必死に生きようとしないことに対する強烈な皮肉だろう。孔子がいいたいのは、**「いまを大切にして、目の前のことを一生懸命やりなさい」**ということだ。

私もよく若い人から、「こういう方向に進み、三年後くらいに成功したいんですが、秘訣は何でしょうか」などと問われる。そんなときはこう答える。

「三年後の成功を目指すのは悪いことではないけれど、そもそも君はいま目の前の仕事を一生懸命やっているかい？　そうでないなら、三年後の成功はないよ」と。

夫《か》の人《ひと》言《い》わず、言《い》えば
必《かなら》ず中《あた》る有《あ》り。

ふだんは寡黙でも、たまに口を開くと、決まって的を射たことをいう。そんなふうでありたい。

（先進第十一／267）

話の核心をつく

これは、魯国で大きな蔵が造られたときの話。閔子騫《びんしけん》という弟子が、改築に待ったをかけた。「これまでのしきたりに従って、補修をすればいいではないか」と。このことを聞いて、孔子は「閔子騫はふだんは寡黙だが、意見をいうときは必ず、的を射たことをいうね」と褒めたのだ。

こういうことは身の回りでもよくある。口数の多い人は、ああでもない、こうでもないとペラペラと述べ立てるものだ。その発言で物事が解決したためしはない。そんななかで核心をついたことをいい、事態を一気に収束させるのは、だいたいがふだんは寡黙な人である。

「どうでもいいことをペラペラしゃべっている暇があるなら、黙って事の本質が何かをじっくり考えなさい」というふうに読める。

過《す》ぎたるは猶《な》お及《およ》ばざるがごとし。

やり過ぎはよくない。やらな過ぎもよくない。けれども、やり過ぎるよりはやらな過ぎるほうが、規範を破っていないだけ、まだマシだ。

（先進第十一／269）

なぜ、「規範」が必要なのか?

あまりにも有名な言葉だが、ここでは「規範」という観点から考えてみよう。規範とは、人として行なうべき正しい道は何なのかを判断する基準となるものだ。

このことは「正」の字を手がかりにすると、わかりやすい。「正」という漢字は「一」と「止」から成り立つ。「この線(一)で止まれ」と読める。その「この線」に相当するのが規範である。

もし規範がなかったら、どうだろう? どこで止まったらよいかわからず、みんながまちまちの位置で止まってしまう。なかには、止まらずに暴走する者もいるだろう。そんなふうに人が思い思いに行動すると、組織や社会はバラバラになってしまう。

逆に、**規範をしっかり認識していると、みんなが正しく生きることができる。**そうして規範をみんなが共有すれば、人々が信頼関係で結ばれた正しい社会が形成される。

ちなみに規範は英訳すると「norm」。この単語から派生したのが「normal」。規範を超えると「abnormal」になる。だから「過ぎたる」はよくないのだ。

論《ろん》の篤《あつ》きに是《こ》れ與《くみ》せば、君子《くんし》者《しゃ》か、色荘《しょくそう》者《しゃ》か。

人の話を鵜呑みにしてはいけない。心からいっていることか、単に格好をつけているだけか、判断が難しいからだ。まず本当はどういう人なのかを見極めることが大事である。

（先進第十一／274）

「行動」から人格を観る

人間はいわば「発言する機械」。口ではなんとでもいえるから、話の内容から人物を判断するのは難しい。

では、どうすれば人物を見抜くことができるか。そのヒントが『貞観政要《じょうがんせいよう》』という書物の「六観《りくかん》」について述べたくだりにある。これは唐王朝の礎をつくった第二代皇帝、李世民《りせいみん》（太宗）の〝ご意見番〟である魏徴《ぎちょう》なる人物が提言していることだ。

なかでも参考にしていただきたいのは、「居《お》りては則《すなわ》ち其《そ》の好《この》む所《ところ》を観《み》る──自宅でくつろいでいるとき、その人が好んでしていることを観よ」というもの。**休みで家にいるときを狙って、〝アポなし訪問〟をするといい。**私も会社の将来を決定するような事業提携の話がきたとき、その仕事を託す人物を判断しようと、この手を使ったことがある。仕事の場では見せない素顔がよくわかったことを覚えている。

発言内容よりも大事なのは、どういう状況のときにどう行動する人か、ということ。人物を見抜くときには、そこをしっかり観ていただきたい。

子《し》在《いま》す、回《かい》何《なん》ぞ敢《あえ》て死《し》せん。

孔子先生を残して、自分が先に命を捨てることなど、どうして望みましょうか。生きて力を尽くすことこそが弟子の務めです。

（先進第十一／276）

上司と部下は「運命共同体」

これは、孔子一行が匡《きょう》（都市名）というところで警備隊に取り囲まれ、大変な危機に陥ったときの話。孔子がライバルの陽虎《ようこ》という人物と間違えられたのだ。なんとか襲撃を逃れたが、弟子たちが四散したなかで顔回一人が逃げ遅れた。ようやく追いついた顔回は、孔子から「難に巻き込まれて、命を落としたのではないかと心配したよ」といわれて、右の言葉で答えたわけだ。

上司と部下の関係の理想形がここにある。**ともに命がけで事に臨み、部下はなんとしてでも上司の命を守るというのだから、「運命共同体」を自任しているといっていい。**

以前、オリンピックの水泳競技、男子メドレーリレーで選手たちがリーダーの北島康介さんを尊重し、「北島さんを手ぶらで帰すわけにはいかない」といってレースを戦った、あの心意気である。

是《こ》の故《ゆえ》に夫《か》の佞者《ねいしゃ》を悪《にく》む。

ああいえば、こういう。口達者な人間にはかなわないよ。

（先進第十一／278）

口達者はなぜ信用ならぬか

孔子は心底、口のうまい人が嫌いだったようだ。論語のなかでも繰り返し、「口達者な人間は信用ならない」と述べている。

ここは、子路が門人の子羔《しこう》を費《ひ》（都市名）の市長に推薦したときのエピソード。孔子が「子羔は学問が未熟だから、そんな重責を与えると、逆にダメにしてしまうよ」と忠告したことに対して、子路がこう反論した。「要は市民を治め、役人を使うことが必要で、子羔はその実践ができます。書物を読むばかりの学問に習熟している必要がありましょうか」と。この言葉に孔子は、「やれやれ」とあきれたのだ。

それにしても、孔子はなぜ口達者な人が嫌いなのか。それは、言行が一致しないために、社会を混乱させるからだ。聞くほうはいちいち「本当にそう思っていってるのかな」「言葉通りに実行するのかな」と考えなくてはならないから、エネルギーを消耗するばかり。**口下手でもいい、信頼できる人物の言が社会の健全性を担保する**のである。

顔《がん》淵《えん》第十二

〝克己復礼〟の輪を広げていく

Ganen

己《おのれ》に克《か》ちて禮《れい》を復《ふ》むを
仁《じん》と爲《な》す。

私利私欲を抑制し、真心から礼を尽くすこと
が仁である。

（顔淵第十二／280）

〝よくない自分〟を制御する言葉

「克己《こっき》復礼《ふくれい》」という四字熟語は、常に自分を律するために覚えておいてほしい言葉だ。「克己」とは、自分のなかにあるよくない考えや、つい欲に走ってしまう気持ちなどに負けないこと。たとえば切羽詰まってその場しのぎのウソをついたり、目先の利益に目がくらんで悪事に手を染めたりしてはダメ。それは己に負けたことにほかならない。

一方、「復礼」とは、地位や肩書、財産などとは関係なく、誰に対しても敬意をもって接すること。上の者にはへつらい、下の者には横柄に振る舞うなど、人を見て態度を変えるようでは、礼儀がなっていない。

「克己復礼」とはつまり、誰のなかにもある、ともすれば公正・公平を見失ってしまう**〝よくない自分〟を、理性でコントロールする**ことだ。理性は人間だけに与えられたものだから、その理性を機能させることができないようなら、人間失格といってもいい。よからぬ考えに傾きそうになったら、心のなかで「克己復礼、克己復礼」とつぶやき、自分を律することが望ましい。

一日《いちじつ》己《おのれ》に克《か》ちて禮《れい》を復《ふ》めば、天下《てんか》仁《じん》に歸《き》す。

一人ひとりが「克己復礼」を実践すれば、思いやりに満ちた社会が形成される。まずは自ら、その実践者になるよう心がけなさい。

（顔淵第十二／280）

自分が変われば、周囲も変わる

たった一人でいい。「克己復礼」を今日、明日、明後日と毎日実践する人が現れれば、社会はあまねく思いやりで満たされる。そう聞くと、ほとんどの人が「本当ですか?」といいたくなるだろう。一人の力など、たかが知れていると思っているからだ。

それは違う。たとえばお遍路さんの行き交う地域を思い浮かべてほしい。お遍路さんが通る道々で、地域の人たちが無償で宿や食べ物、飲み物、情報などを差し出して、おもてなしをしてくれる。まさに一人ひとりの思いやりが、地域全体に行き渡り、思いやりに満ちた社会を形成しているではないか。

そこがわかると、自分が真っ先に「克己復礼を実践しよう」という気持ちになるというものだ。しかも一人がそういう人物だと、周りの人も感化される。「立派なことだなあ。自分も見習おう」というふうに、〝克己復礼の輪〟がどんどん広がっていく。

だから**「一人ひとりの力」が社会の生命線**なのだ。今日ただいまから、「自分一人の力など、たかが知れている」という考えは捨てていただきたい。

非《ひ》禮《れい》視《み》ること勿《なか》れ、非《ひ》禮《れい》聴《き》くこと勿《なか》れ、非《ひ》禮《れい》言《い》うこと勿《なか》れ、非《ひ》禮《れい》動《うご》くこと勿《なか》れ。

礼儀に反することは、見ても、聞いても、言っても、行なってもいけない。よいことだけを吸収し、実行するようにしなさい。

（顔淵第十二／280）

〝悪の発信者〟にならない

「顔淵第十二」の冒頭ではここまで、孔子が顔回から「仁とは何ですか」と問われて答えた事柄が書かれている。その締めくくりが、克己復礼を実践していくことのポイントを述べた右の言葉。「いい情報をインプットして、よい思考・行動をアウトプットする」ことが重要だとしている。

「日光東照宮の三猿――見ざる・聞かざる・言わざる」ではないが、礼に反するようなことは見ざる・聞かざるでインプットしない。さらに、言わざる・行なわざるでアウトプットしない、というのがポイントである。

悪いことは、いいこと以上に、周囲の人に与える影響が大きい。たとえば会社でも、「トップがパイプをくゆらし始めると、そこの社員全員がパイプをくわえる」なんて場面に出くわすことがある。あるいは上司が平気で賄賂を受け取る人だと、部下も当たり前のように賄賂を要求する、といった例もある。下の者は上の者の真似をするものなので、**上司は悪い感化作用をおよぼさないよう、注意する必要がある。**

己《おのれ》の欲《ほっ》せざる所《ところ》は、人《ひと》に施《ほどこ》すこと勿《なか》れ。

常に相手の身になって、「望まないことをしてはいないか」と自らに問うことが大切だ。

（顔淵第十二／281）

「受け手の気持ち」を最優先すべし

「己の欲せざる所」というと、自分を中心に考えがち。もちろん「自分がしてほしくないことを人にはしない」という意味もあるが、それだけはない。この場合の「己」とは、「相手の身に置き換わった自分」をも意味するのだ。そこに、この言葉を行動で示すときの難しさがある。

たとえば上司が、自分の価値観で「こんなにおもしろい仕事はない」とばかりに、部下にその仕事を与えたとする。それが「してほしくないことではないからいいだろう」とはならない。その部下にとっては、難し過ぎるかもしれない。取り組む時間的余裕がないかもしれない。上司の期待をプレッシャーに感じるかもしれない。その辺りを相手の身になって考え、少し負担を軽くしてあげるなどの気づかいが必要だ。

人間関係の要は、互いを大切に思い、努めて理解しようとする「思いやり精神」にある。常に「自分がこういうことをしたら、相手はどう感じるだろうか。望んでいないことではないだろうか」と考えることを習慣づけたい。

内《うち》に省《かえり》みて疚《やまし》からざれば、夫《そ》れ何《なに》をか憂《うれ》え何《なに》をか懼《おそ》れん。

自分の心のなかを全部ひっくり返してみても、やましいことが何一つないならば、何も心配することはないし、おそれることもない。

（顔淵第十二／283）

心から〝やましさ〟を排除していく

ここで孔子は君子を「憂えたり、おそれたりすることが何もない人間だ」と定義している。いまの世の中、悩みや心配事を抱えている人ばかりだから、「そんな人はいるんですか?」と反問したくもなるだろう。

しかし、そもそもなぜ心がざわつくのかを考えてみてほしい。たとえば「ちょっと遊び過ぎたから、期限通りに仕事が終わらないかも」とか、「こないだ接待してもらった負い目があるから、あそこの仕事を引き受けちゃったけど、バレたら大変なことになるな」「いつも世話になってるから、コネでろくでもない人間を採用しちゃったけど、現場からは非難されるだろうな」などなど、何か心にやましいことがあるものだ。

逆にいえば、そういったやましさがなければ、**何の悩みも心配事も生じないし、悪事の発覚をおそれる必要はない。**とくに地位が上がると、いろんなところから「儲かりまっせ」的な〝悪魔のささやき〟が聞こえてくるので、うっかり乗らないよう注意されたし。そんな「毒まんじゅう」は一口でもかじったら、身の破滅だと心得よ。

やましさがなければ、

君子《くんし》何《なん》ぞ兄弟《けいてい》無《な》きを患《うれ》えん。

兄弟がいなくたって、そう嘆くこともない。兄弟以上のつき合いのできる人をたくさん持てばいいではないか。

（顔淵第十二／284）

「血」よりも濃い人間関係を持つ

孔子の弟子の司馬牛《しばぎゅう》は、本当は実の兄がいたのだが、いろいろあって魯国に亡命したときにはひとりぼっちになっていたといわれている。それだけによけい、兄弟のいないことを寂しく思ったのかもしれない。

落ち込む司馬牛を、兄弟子の子夏《しか》はこういって慰めた。

「死ぬも生きるも、財産も地位も、天が定めたことだと聞いている。あなたが君子らしく、克己復礼を信条に生きていけば、世の中の人みんなが兄弟のようなものだ。何を気に病むことがあろうか」と。

最高の励ましの言葉ではないか。俗に「血は水よりも濃い」といわれるが、肉親だけが人間関係のすべてではない。徳のある人物には多くの〝人の花〟が咲くように、**克己復礼を実践して生きる立派な人間は、たくさんの人たちとよい人間関係を築くことができる。**「水は血よりも濃い」といえるくらいの関係性を持つことも可能なのだ。

浸潤《しんじゅん》の譖《そしり》、膚受《ふじゅ》の愬《うつたえ》、行《おこな》われざるは、遠《とお》しと謂《い》う可《べ》きのみ。

理不尽なことが、いつ自分の身に降りかかるかはわからない。いざというときにあわてないよう、遠い先まで見通して手を打っていきなさい。

（顔淵第十二／285）

「理不尽」を回避する方法

これは、弟子の子張から「明《めい》とはどういうことですか?」と問われて、孔子が答えた言葉の一部だ。孔子はまず、「理不尽な目に遭わないよう、不穏な気配を察知できることだ」としたうえで、「もっといえば」と、右の言葉をつけ加えている。

誰しも、「何も間違ったことをしていないのに、どうしてこんなにも非難されるのか」「なぜ自分がこんな悪だくみの餌食にされなければならないのか」などと嘆きたくなるようなつらい目に遭った経験があるだろう。そのときの心の痛みたるや、大変なものである。原文の「浸潤の譖、膚受の愬」とは、字面だけ見ても悲惨さが伝わる。

それにしても遠い先にそんなワナが仕掛けられているかもしれないことを察知するのは、かなり難易度の高い能力だ。それでも私たちが理不尽に対して「打てる手」が、一つだけある。それは、**日ごろから人の怨みを買わないように、誰に対しても丁寧に、真心を込めて接する**ことだ。少しでもぞんざいなところがあると、〝理不尽の芽〟を植えつけることになると思ったほうがいい。

民《たみ》信《しん》無《な》くんば立《た》たず。

上に立つ者が下から信用されていて初めて、組織は機能するものである。

（顔淵第十二／286）

「信頼」だけは絶対手放すな

弟子の子貢に「国のリーダーとしての心構え」を問われて、孔子は三つのことをあげている。一つ目は、国民の生活を安定させること。二つ目は、軍備を十分に整えること。三つ目は信頼を得ることである。

子貢はさらに、「一つ捨てるとしたら、どれ?」「もう一つ捨てるとしたら、どれ?」と重ねて尋ねている。結果、絶対に捨ててはならないものとして、孔子は「信頼を得ることだ」としている。

これを会社に置き換えて読むと、**「部下から信頼される、人望のある上司がいなければ、会社は立ち行かない」**ということだ。

近ごろは政治家が盛んに「信無くんば立たず」という言葉を使っているが、なんとも軽く聞こえてしょうがない。信頼を失うことの怖さがまったくわかっていないように思うのだ。政治家に限らず、世のリーダーたちはその怖さを知らなければいけない。

君《きみ》は君《きみ》たり、臣《しん》は臣《しん》たり、父《ちち》は父《ちち》たり、子《こ》は子《こ》たり。

リーダーはリーダらしく、部下は部下らしく、父親は父親らしく、子どもは子どもらしく。それぞれが自分の役割をよく心得て行動しているのがいい社会というものだ。

（顔淵第十二／290）

自分の「役割」を果たす

これは「政治とは何か」という質問に対する答えだが、あらゆる人に当てはまる大切なことを教えている。

それは「らしさ」――。

たとえば優秀な人がケアレスミスをしたりすると、「君らしくないねえ」という。あるいは仕事ぶりが板についてきたとき、「君もずいぶんベテランらしい働きをするようになったね」という。その「らしさ」である。

つまり「らしさ」とは、自分に与えられた役割をしっかり心得て行動していることにほかならない。常に自らに**「それは営業マンらしい振る舞いか?」「それは父親らしい発言か?」「それは管理職らしい態度か?」**などと問いかけるといい。そうすれば自然と〝らしい行動〟が身につくだろう。

君子《くんし》は人《ひと》の美《び》を成《な》して、
人《ひと》の悪《あく》を成《な》さず。

人の美点は大いに褒めてあげなさい。そうしてもっと力を伸ばしてあげなさい。しかし悪い点があれば、忠告して直してあげなさい。それで人間が正されたならば、もう過去の汚点については水に流してあげないといけない。

（顔淵第十二／295）

人の「過去の汚点」は許容する

「褒めて伸ばす」とは、よくいわれること。人の美点を見つけてあげること、成功したらともに喜んであげることが大切だ。

問題は、「過去の汚点」だ。人間誰しも、間違うことはある。若気の至りで無分別な行ないをしたり、魔が差して悪いことをした苦い経験もあるだろう。**その場でいけないと忠告され、身を正したのなら、もう不問に付してもいい**ではないか。

昨今は、とりわけ成功している人に対して、「過ぎたことでも悪事は悪事。許すわけにはいかない」とばかりに、過去をほじくり返して暴き立てるようなことが多々ある。いまにつながっている悪事ならいざ知らず、そうでないなら、現在の人物がどうなのかを見てやればいい。

本人も後ろめたさを感じて、できれば世間に知られたくないと思っていることには、あえて目をつぶってやるのが思いやりというものだろう。生まれてこの方、どんなに叩いてもホコリの出ない、聖人君子のような完璧な人間などいないのだから。

君子《くんし》の徳《とく》は風《かぜ》なり。小《しよう》人《じん》の徳《とく》は草《くさ》なり。草之《くさこれ》に風《かぜ》を尚《くわ》うれば必《かなら》ず偃《ふ》す。

部下が気持ちよく働ける職場環境にすることを心がけなさい。そうすれば、風が吹いて草がなびくように、部下は自然と上司の言葉を受け入れるようになる。

（顔淵第十二／298）

〝上司風〟ではなく〝君子風〟を吹かす

俗に「上司風を吹かせる」というと、威張り散らして、部下をアゴでこきつかう上司の様子をイメージする。そんな〝上司風〟は願い下げだ。部下は風に煽られて、あらぬ方向に逃げ出してしまうだけだ。

同じ風でも〝君子風〟はいい。いかにもさわやかな感じがするではないか。部下も地に根をおろし、喜んで風に吹かれるままになびいてくれるだろう。

「〝君子風〟を吹かす」とはつまり、部下が快適に働けるように、心づかいをしてあげること。上司が部下の幸せをサポートするお世話係に徹していれば、言葉にして命令せずとも上司の思い通りに動いてくれる。わざわざ権威を振りかざして威張り散らさなくても、自然と敬意を表してくれる。

上に立つ者が吹かす風は、〝先輩風〟も〝亭主風〟もすべからく〝君子風〟をモットーとされたし。

一朝《いっちょう》の忿《いかり》に、其《そ》の身《み》を忘《わす》れ、以《もっ》て其《そ》の親《しん》に及《およ》ぼすは、惑《まどい》に非《あら》ずや。

いっときの怒りに任せて、人を攻撃すると、必ず後悔することになる。一生を台無しにしてしまう場合すらあるのだ。日ごろから、怒りを抑える訓練をしておくといい。

（顔淵第十二／300）

楽なほうへ行く自分に「待った」をかける

ちょっとしたことでカッときて、罵詈雑言を浴びせかける人が少なくない。「キレやすい若者」とか「キレやすい老人」といった言葉が流行語のようになっているほどだ。

しかし怒っていいことは何もない。自分が周囲から嫌われるだけではなく、怒りによる不始末で親にまで害がおよぶことだってある。たとえば怒りの振る舞いがもとで失業して、親に「食わせてくれ」と泣きついたり、暴力沙汰を起こして世間から「親の顔を見たいね」などと後ろ指をさされたり。けっこう大変な事態を招くこともある。

怒りをコントロールするには、怒りの感情がわいてきた瞬間に「いや、怒らない」と自分に「待った！」をかけるしかない。その訓練として有効なのは、たとえば夜のお誘いがあったら「あと三十分仕事をしてから」とか、お腹が減ったら「あと十分ガマン」という具合に、**楽なほうへ行こうとする自分に逆らう**ことだ。何事につけ感情に流される自分に反発することを習慣づけていけば、三カ月もするとやや改善し、一年でほぼ完全に自分の心をコントロールできるようになる。

忠告《ちゅうこく》して之《これ》を善道《ぜんどう》し、
不可《ふか》なれば則《すなわ》ち止《や》む。
自《みずか》ら辱《はずかし》めらるること
無《な》かれ。

友人によくないところがあると感じたら、柔らかく指摘してあげるといい。ただし、もし聞かないようであれば、重ねて忠告してはいけない。温かく見守ってあげなさい。

（顔淵第十二／302）

指摘すべきとき、見守るべきとき

欠点や弱点を指摘されて、うれしい人はあまりいない。それが図星だと、なおさら頭に血が上って〝逆ギレ〟するものだ。

とはいえ、友人ならば忠告をしてあげたほうがいい。その場合も「そこが君のダメなところだ」みたいなきつい言い方をしてはいけない。「怒らないで聞いてほしいんだけど」と前置きするとか、最初に長所をあげて「君のそういうところ、すごいと思うよ。ただ一点、ここがもうちょっとよくなればなあ」といった具合に、やんわりと諭すのがベストだ。恋人なら、「そういうクセは君の美しさにふさわしくないよ」「こういうところは、あなたの男らしさに傷をつけるわよ」などというのがいい。

さらに孔子は、**「忠告しても友人が変わらなければ、二度、三度と同じことをいわずに、温かく見守ってやれ」**という。これもある種の思いやり。友人によかれと思って、しつこく忠告を重ねると、関係がぎくしゃくする可能性が高いからだ。友人を失わないポイントを説いた、現実味・人間味のあるアドバイスである。

君子《くんし》は文《ぶん》を以《もつ》て友《とも》を會《かい》し、友《とも》を以《もつ》て仁《じん》を輔《たす》く。

友人関係で大事なのは、趣味をともに楽しみ、教養を高め合うことである。

（顔淵第十二／303）

友と「教養」を高め合う

「文」とはここでは、学問や詩、書道、音楽、絵など、文化的な趣味を意味する。いまなら、華道や茶道、スポーツなども加えて趣味全般と捉えていい。

そういった共通の趣味を持つ友人は、ともにその世界を探訪し、意見や感想を述べ合いながら過ごす時間がとても楽しい。**互いの教養を高め合うことにもつながる。**

「友だちっていいなあ」

「本当にいい友だちに恵まれたなあ」

としみじみ実感するのではないだろうか。

そんな関係性のなかで心を通わせることもまた、「仁」の一つ。趣味を通して、親愛の情を深めたい。

動

子路《しろ》第十三

人を動かす極意

Shiro

之《これ》に先《さき》んじ之《これ》を労《ねぎら》う。

リーダーは率先して働き、ひと仕事終えたら、協力してくれた部下をねぎらってやることが大切だ。

（子路第十三／304）

リーダーは背中で語れ

ここは「政治とは何ですか?」という問いに答えたところ。現代のビジネスパーソンは「リーダーシップを問う」と読むとしっくりする。孔子が説いているのは、**「率先垂範」の重要性**である。

当時の中国では、政治を行なうためには、国民を労役・使役・兵役に駆り出さなければならなかった。そのときに、リーダーは御殿でふんぞり返っていないで、率先して現場で働く。同時に、集まってくれた国民に「ありがとう」と感謝する。そういう姿勢が重要だとしているのだ。

これはそのまま、ビジネスリーダーに当てはまる。たとえば〝営業強化週間〟みたいなものが始まるとき、リーダーは「今日からみんなでがんばろう。私も最前線で指揮を取りながら、朝から晩まで取引先回りに奔走する。みんなにも苦労をかけるが、頼んだよ」などと激励する。部下たちはきっと、リーダーの背中を見てがんばってくれるだろう。「率先垂範」することは、リーダーの生命線なのである。

爾《なんじ》が知《し》れる所《ところ》を擧《あ》げよ、爾《なんじ》が知《し》らざる所《ところ》は人《ひと》其《そ》れ諸《これ》を舎《す》てんや。

人材登用に際しては、自分が優秀だと思った人をどんどん抜擢するといい。そうすれば周囲に「今度の上司は能力のある人を引き上げる公正な人物だ」と評判が立つ。自分で見出さずとも、周囲が優秀な人を次々と紹介してくれるようになる。

（子路第十三／305）

人材を周囲に発掘してもらう法

能力があるのに、世になかなか見出されない人はたくさんいる。ここでは、そんな〝埋もれた才能〟を抜擢するよう、弟子の仲弓《ちゅうきゅう》にアドバイスしている。仲弓は魯国の重臣である季氏《きし》の下で、行政官として働くことになったので、人材登用についてのアドバイスを孔子に求めたわけだ。

とはいえ、〝埋もれた才能〟は見つけにくい。そういうときの孔子のやり方が、右の言葉。**とにかく自分が会って優秀だと思う人を採用していけば、やがて周囲が「新任のあの人は公正な目で人を見る」と感じ、どんどん〝埋もれた才能〟を発掘、推薦してくれるようになる**というのだ。

このように人材登用に限らず、リーダーはどんな姿勢で仕事に取り組んでいるかを具体的に行動で示すことが大事。口で指示するまでもなく、周囲が意図を察して動いてくれるようになる。

必《かなら》ずや名《な》を正《ただ》さんか。

自分のやるべき仕事は責任をもってやり遂げる。役職についたなら、まずその覚悟を決めることが大事である。

（子路第十三／306）

自分の「職責」を確認してみる

「名を正す」とは、職責を果たすことを意味する。佐藤一斎が自分の所属する岩村藩の重職のために書いた「重職心得箇条」でも、真っ先にこのことに言及している。「凡《およ》そ政事《せいじ》は名《な》を正《ただ》すより始《はじ》まる。今先《いまま》ず重職大臣《じゅうしょくだいじん》の名《な》を正《ただ》すを本始《ほんし》となすのみ」というふうに。

「職責って何？」なんて言葉が聞こえてきそうだが、実はどの会社にも「職責表」という、職位ごとに果たすべき役割を明文化したものがある。

子路は孔子のこの言葉を聞いて、「なんだか抽象的で、まどろっこしいですね」と納得しなかったが、一喝されている。「バカなことをいうな。全員に職責をまっとうする意識がなければ、いうことがまちまちで組織が乱れる。上の指示もあいまいで、従わない人間も出てくる。結果的に人民を惑わせ、信用されなくなるのだ」と。つまり全員が名を正すことをおろそかにすると、組織も社会も乱れるということだ。

これを機会に、**自分の職責を確認してみる**といいだろう。自分のやるべき仕事が再認識できると思う。でないと、〝名ばかり管理職〟に堕することになりかねない。

其《そ》の身《み》を正《ただ》しくする能《あた》わずんば、人《ひと》を正《ただ》しくするを如何《いかん》せん。

自分の身を正すこともできないような人間では、人の身を正すことなどできるわけはない。下の者の振る舞いを見れば、上にどんな人物がいるかが自ずとわかる。

（子路第十三／316）

「教える義務」を果たしているか

会社の上下関係だけではなく、家庭の親子関係にも「**教育責任**」というものがある。上司・親がだらしなければ、部下・子どもがまっとうに育たないのだ。

もし下の者の態度が好ましくないものであるようなら、上に立つ者は自分の振る舞いを反省する必要がある。

会社なら部下が若いうちに、家庭なら子どもが幼いうちに、身をもって「人としての正しい振る舞い」を教えるべき。それが上司・親の責任である。

速《すみや》かならんことを欲《ほっ》する無《な》く、小利《しょうり》を見《み》ること無《な》かれ。

成果を急ぐと、思わぬミスに足をすくわれる。目先の利益に目がくらむと、大事を成すことができない。常にしっかりと、目標を見据えていることが大切だ。

（子路第十三／320）

目の前の「一」より未来の「十」を取れ

昔から「急がば回れ」といわれる。たとえば寝坊したとき、あわてればあわてるほど、身支度を整えるのに時間がかかる。忘れ物が多くなるし、通勤途中に転んだり、階段を踏み外したりなどして、事故に遭う危険性も高まる。急いだところで、ろくなことにはならない。それよりも、焦らずに物事に取り組んだほうが、結果的に早いのだ。

また俗に「損して得取れ」といわれるように、いっときは多少の損をしても、長い目で見れば大きな得になる、というようなことも少なくない。目先の利益に目がくらんだばかりに、大事を成し損ねる場合もある。

いずれにせよ、**目の前のことに振り回されると、目的や志を見失う**だけ。いかなる場合も、どっしりと構えるのが一番だ。

動

己《おのれ》を行《おこな》うに恥《はじ》有《あ》り、四《し》方《ほう》に使《つかい》して、君命《くんめい》を辱《はずかし》めざるを、士《し》と謂《い》う可《べ》し。

優れた人物は常に向上心を持ち続けている。誰に叱られるのでもなく、自分自身のなかに未熟な自分を恥じる〝もう一人の自分〟を持っているのだ。そういう人物なら、どこに出しても恥ずかしくない行動を取るはずだ。

（子路第十三／323）

「自らを恥じる」習慣をつける

自分の欠点を人から指摘されるのは、恥ずかしいものである。それを忠告と素直に受け止め、身を正すことは大切だ。

しかし世の中の人は、そんな忠告をしてくれるほど親切ではない。たいていは黙って見過ごし、心のなかで「恥ずかしいヤツだなあ」と軽蔑するだけだ。

だからこそ**自分で、恥ずかしい言動を恥と認識し、戒めることができなければならない。**これを私は「自己向上メカニズム」と呼んでいる。それを機能させる動力が、「恥の概念」なのである。

このメカニズムの精度が上がってくると、やがて「どこに、誰の前に出ても、恥ずかしくない立派な人間」になれる。そうすると、たとえば社長から「君、私の名代で、あそこに行ってくれ」といった任務を与えられるようになる。組織を代表する人物になれる、ということである。

君子《くんし》は和《か》して同《どう》ぜず。
小人《しょうじん》は同《どう》じて和《か》せず。

ただ人が集まっているだけでは、組織は〝烏《う》合《ごう》の衆〟でしかない。気持ちがピタリと合った人が集まった集団であればこそ、強い組織ができる。

（子路第十三／326）

最強の集団構築法

「肝胆相照《かんたんあいて》らす」という言葉がある。心の底から打ち解けて交わることを意味する。志や主義主張を同じくして手を取り合い、でも食い違うところは徹底的に忌憚《きたん》のない意見をぶつけ合うなかで、互いの妥協点を探っていく。あなたの組織には、そういう人間関係が構築されているだろうか。

もし「いや、どちらかというと、多数派にすり寄ることばかりを考える、なあなあの関係ですね」というなら、その組織は〝烏合の衆〟でしかない。みんなで一丸となって、事を成そうだなんて、ムリな相談というものだ。

孔子がいうように、多数派に付和雷同するような人たちは、大した人物ではない。**一人ひとりが自分の考えをしっかり持ち、互いにすり合わせながら問題に立ち向かう。**そんな集団こそが強い組織なのである。

君子《くんし》は事《つか》え易《やす》くして説《よろこ》ばしめ難《がた》し。之《これ》を説《よろこ》ばしむるに道《みち》を以《もっ》てせざれば、説《よろこ》ばざるなり。其《そ》の人《ひと》を使《つか》うに及《およ》びては、之《これ》を器《き》にす。

上司が立派な人物だと、適材適所を心得ているので部下は働きやすいが、喜んでもらうのはなかなか難しい。単に成果をあげるだけでは喜ばず、その手段が正しいかどうかを問うからだ。

（子路第十三／328）

「簡単に喜ばない上司」になれ

ここで孔子は、立派な上司の特徴を二つあげている。一つは、部下が能力を存分に発揮できる仕事を与えること。だから、部下は働きやすい。

二つ目は、成果が正当な手段で得られたものかどうかを、しっかりとチェックすること。たとえば「自己アピールがうまいだけではないのか」「誰かを蹴落とすようなことをしていないか」「誰かとキックバックの〝密約〟をかわしているのではないか」「商品をよく見せようと、データを改ざんしているのではないか」など、数字を達成したプロセスを細かく見るのだ。だから、どんなに巧みに〝小細工〟をしても、そう簡単にはだまされない。

部下が成果をあげて喜ばない上司はいないが、この辺りのチェックの甘い人は意外と多い。数字だけを見て、「よくやった」と満足してしまいがちなのだ。部下の不正を抑止するためにも、**「簡単に喜ばない上司」にならなければいけない。**

君子《くんし》は泰《たい》にして驕《きょう》ならず。小人《しょうじん》は驕《きょう》にして泰《たい》ならず。

立派な人物はゆったりとしていて威張ったところがない。逆に、大したことのない人物は威張り散らしてばかりで、こせこせしている。

（子路第十三／329）

「平常心」が大人物と小人物を分ける

威張る人間は、自分から「私は大した人物ではありません」と喧伝《けんでん》しているようなものだ。なぜなら、自分で自分をすごい人物に祭り上げないことには、誰からも認めてもらえないために威張るしかないからだ。

こせこせと立ち回っては、方々で「俺さまは偉いんだぞ」といわんばかりの振る舞いをする。そんなのは〝小物の証〟でしかない。

一方、本当に立派な人物は、黙っていても周囲が仰ぎ見る。わざわざ威張る必要はないし、そもそも自慢したい気持ちもないから、いつもゆったりとしている。すごい肩書を持っていようが、すごい成果をあげていようが、すごい人望を得ていようが、常に泰然自若。**平常心を保つ余裕がある**といっていい。

切切《せつせつ》偲偲《しし》怡怡《いい》如《じょ》たるを、士《し》と謂《い》う可《べ》し。朋友《ほうゆう》には切切《せつせつ》偲偲《しし》たり、兄弟《けいてい》には怡怡《いい》たり。

できる人は常に善を求め、精進を続ける。友人とは心を込めてつき合い、兄弟とは家庭のなかでともに人間性を高め合う。そういう経験を積むことが大切だ。

（子路第十三／331）

「一人前の社会人」を育てる

人間であれば誰しも、善もあれば悪もある。年齢を重ねるにつれて、悪の部分を減らし、善の部分を増やしていくところに、人間的な成長がある。したがって年寄りは〝善の塊〟になっていないと、年季をかけた甲斐がない。その人間性修養のなかでも大切な時期は幼少期。眼目は家庭教育にある。親は**「子どもを一人前に育て、社会に出すことが務め」**と自覚し、そこに愛情のすべてを注がなくてはならない。

いまは栄養をつけて体を育てることに偏重し、精神に栄養を与えることがおろそかになっているように思う。朝起きたら「おはようございます」、家を出るときは「行ってきます」、帰ってきたら「ただいま帰りました」、人に何かをしてもらったら「ありがとうございます」……そういった挨拶から、厳しくしつける必要がある。

また兄弟も人間関係を学ぶうえで重要な存在。一人っ子ならば、近隣の子どもたちと交流させる環境を整えてやることが大切だろう。人間関係の要諦は、幼年期に学ぶといっても過言ではない。

教《おし》えざる民《たみ》を以《もち》いて戦《たたか》うは、是《こ》れ之《これ》を棄《す》つと謂《い》う。

何の教育も訓練も受けさせないで、子どもを社会に送り出すなど言語道断だ。何よりも大事なのは、自己鍛錬の心構えを持たせることである。

（子路第十三／333）

「戦い方」を教えているか

たとえば兵士を戦場に送り出すとき、武装もさせずに行かせるだろうか。隊列の組み方や銃の撃ち方、攻撃・防御のフォーメーションなど、何の訓練もしないまま「行けーっ！」と突っ込ませるだろうか。

そんなことはありえない。兵士は呆然と立ちすくむか、逃げるかで、無駄死にさせるしかなくなる。「人の命をバカにしてるのか」という話である。

社会だって戦場である。十分な教育・訓練を積まないまま、子どもや若者を社会に送り出すなど、無謀にもほどがある。

一番大事なのは、「いったん社会に出たら、いくつもの戦いが待ち受けている。丸腰では戦えない」と教え、自己鍛錬の心構えを持たせることだ。そのうえで、**戦いを一つひとつ勝ち抜いていくのに必要な知識・技術を教え込む**ことが必要だ。

自分の子どもを大切にする親なら、あるいは部下を大事に育てるリーダーなら、このことを肝に銘じて教育を施さなければいけない。

憲問《けんもん》第十四

「道」を踏み外さないために

Kemmon

道

邦道《くにみち》無《な》くして穀《こく》するは恥《はじ》なり。

筋道の立たないことが平気で横行しているような組織から、報酬をもらうことは恥と思え。報酬というのは、職業倫理を踏み外さないことの対価なのである。

（憲問第十四／334）

売上至上主義、というリスク

企業には、絶対にやってはならないことがたくさんある。いまも「コンプライアンスの重視」が声高に叫ばれているにもかかわらず、企業スキャンダルが絶えない。産地偽装、消費期限の偽装、品質を担保するデータの捏造、粉飾決算、無資格者による検査の実施……もう目を覆いたくなるほどだ。

国を代表する企業にして、この体たらく。リーダーの職業倫理が問われて当然である。「仕事というのはすべからく、世のため人のためにあるものだ」ということを、とりわけリーダーたちが再認識するべきだろう。**職業倫理を守ってこその売上**だと心得ていただきたい。

いまはインターネットの発展により、すべての悪事はいずれ白日のもとにさらされると思ったほうがいい。売上至上主義の名の下に、職業倫理にもとるような小細工をしたところで意味はない。

道

士《し》にして居《きょ》を懐《おも》うは、
以《もっ》て士《し》と為《な》すに足《た》らず。

権力は公に尽くすためにある。私利私欲を満たすほうに流れるような人間に権力を持たせるわけにはいかない。

（憲問第十四／336）

「地位」が上がるごとに「私欲」を減らせ

社会的なポジションが高くなればなるほど、相対的に私利私欲は減らしていかねばならない、というのが孔子の考えだ。

「地位が上がれば、お金がたくさん入るし、衣食住に贅沢したっていいのでは？　地位の高い人がみすぼらしく暮らしているのはちょっとみっともないような……」と思うかもしれないが、まったく逆。地位が高い人には「公」のために存分に力を尽くせるよう大きな権力が与えられているのだから、本来そこに「私」の入る隙間はない。

その意味で、西郷隆盛は実に偉大であったと思う。明治維新の功労者でありながら、生涯、周囲に「新築されたらどうですか？」といわれるようなボロ家に住み、粗衣粗食を貫いた。それだけに、かつては貧しさに耐えて大志に燃えていた大久保利通ら閣僚たちが贅沢な暮らしに耽《ふけ》る様を嘆いた。「国民の暮らしを豊かにするのが務めであるのに、国のリーダーたる自分たちが贅沢してどうする」と。**高い地位を得た者は高い報酬を得る対価として、社会貢献をする義務を負う**のが本来である。

貧《ひん》にして怨《うら》むこと無《な》きは難《かた》く、富《と》みて驕《おご》ること無《な》きは易《やす》し。

貧しさに陥っても、運命や社会を怨まずにいるのは難しい。それに比べれば、裕福になっても驕慢《きょうまん》にならないことなどずっと簡単だ。

（憲問第十四／344）

敗者が復活できる社会にする

貧乏のどん底に落ちた者にしか、その苦しみはわからないものだ。孔子は何度も貧困にあえいだからこそ、運命を呪ったり、世を怨んだりする気持ちがよくわかるのだろう。それはある程度、致し方ないこと。貧乏になって、怨みの感情がわいてきたからといって、自分を責める必要はない。

ここで大事なのは、貧困で怨む人のいない社会をいかにしてつくるか。方法はただ一つ。**敗者復活戦が可能な社会にする**ことだ。シリコンバレーで働く人たちがそのいいお手本だろう。私のところによくやって来る彼らはみんな、自信たっぷり。理由は「これまで数え切れないくらい失敗した。だから、もう失敗はしない。成功しかない」と信じているからだ。そうはいっても、また失敗するかもしれないが、「失敗を糧にして進んでいく。最終的に成功すれば、失敗が失敗でなくなる」という考えが浸透しているのだ。一度の失敗で再起不能に陥らせてしまう社会が、貧困で怨む人を量産する。私はそう考えている。

道

君子《くんし》は上達《じょうたつ》す。小人《しょうじん》は下達《かたつ》す。

心の整理ができていれば、人生は必ずいい方向にいく。人生の本勝負のときを知るからだ。

（憲問第十四／357）

「上達」する人、「下達」する人

ここを読むと、「下達」という言葉もあるのかと、ハッとする。本来はどうでもよい枝葉末節のことに通達するという意味。

では「上達」と「下達」を分けるもの、本質と末節の分岐点にあるものは何なのか。私流にいうと、それは「心の整理」ができているか否かである。たとえば人生には、〃踏ん張りどき〃があるが、心の整理のできていない人にはそれがわからない。私はこれまで何人もの人に、「いま、ここでがんばらないと、あなたの人生は上昇しないよ」などと忠告してきた。それなのに流れに任せた人は、決まって「下達」していった。

佐藤一斎の『言志四録《げんししろく》』に、「一燈《いっとう》を提《さ》げて、暗夜《あんや》を行《い》く。暗夜《あんや》を憂《うれ》えること勿《なか》れ。只一燈《ただいっとう》を頼《たの》め」という漢詩がある。「この先どうなるかわからないからといって、**手探りで歩くような人生はいけない。足下を照らす灯を持ちなさい**」という意味だ。心を整理して〃踏ん張りどき〃を定めたら、あとは自分にとっての「一燈」を照らして前進するのみ。オンリーワンの存在にまで上達していくはずだ。

道

古《いにしえ》の學者《がくしゃ》は己《おのれ》の爲《ため》にし、
今《いま》の學者《がくしゃ》は人《ひと》の爲《ため》にす。

学問は自身の〝ブランド力〟を上げるためにするのではない。世のため人のために尽くせる人物になるためにするのである。

（憲問第十四／358）

「学歴信仰」から脱却せよ

いまも「学歴信仰」が根強くある。若者の多くは、いわゆる一流大学のブランドを手に入れようと学んでいる。ビジネスパーソンになって以降も、昇進試験に受かって肩書を手に入れようとか、学んで得た知識をひけらかして「すごい博識だね」という評判を得たい、といった目的で学ぶケースがほとんどだろう。

それは、自分のためなのか。違う。自分を飾るためであって、本当に自分の知識・能力に磨きをかけることにはならない。

学ぶ目的はただ一つ。**自己研鑽を積んで、立派な人間になる**ことである。出身校や地位、肩書などで〝ブランド力〟を上げることとは別次元の話なのだ。

道

其《そ》の位《くらい》に在《あ》らざれば、
其《そ》の政《まつりごと》を謀《はか》らず。

職分を超えて発言することは控えなさい。実際にその地位でなければわからないことは多いのだから、口出しは不要である。

（憲問第十四／360）

「越権行為」をしてはいけない

たとえば上司に対して、平社員の部下が「そのやり方は間違っていますよ」などといったとする。自分ではよかれと思っても、的外れな指摘である場合は多い。なぜなら、その任に当たらなければわからないことが、たくさんあるからだ。

しかも下から、そんなご注進を受けた上司は不愉快きわまりない。「何もわかっていないのに、差し出がましいことをいうな」と思うだろう。

何も「〝イエスマン〟になれ」とはいわない。下っ端の浅知恵で越権行為をするな、ということだ。どうしても意見したいなら、言い方に気をつけるべきだ。「未熟者の思いつきでしかありませんが、こういうやり方はどうでしょうか」というふうに、提案する形を取るのがよい。上司も耳を傾ける気になるだろう。

いまは「一億総評論家」とも称すべき時代。自由に発言できる点では大いにけっこうだが、**内実も何もわからない者が知ったかぶりをして、いたずらに口を出すのはよろしくない。**秩序が乱れるだけなので、要注意である。

君子《くんし》は其《そ》の言《げん》の其《そ》の行《おこない》に過《す》ぐることを恥《は》ず。

善行はどこからか漏れ聞こえてくるもの。わざわざ自分からいわなくてよい。大言壮語してはばからないような人は、恥知らずである。

（憲問第十四／362）

「自慢はみっともないからやめなさい」

自分でやったことを、実際よりも大きな成果のようにいいふらす人がいる。そんな態度に対して孔子は、「みっともない。恥を知りなさい」と叱咤する。たとえ言葉通りのことをしたとしても、自分からいったのでは価値が半減するというものだ。

ここで、知り合いの話を一つ。彼は起業に成功し、絶好調のときに会社を売却した人物だ。当然、創業者利益をがっぽり儲け、ニューヨークに豪邸を構えた。彼があんまり周囲に自慢するので、私は見かねて忠告したことがある。「自分からいわないほうがいいよ」と。彼は「本当のことだから」とうそぶいていたが、その後、「先生のいう通りでした」とやって来た。詳しく話を聞いたら、急病で入院した小学校六年生の息子さんが、快復に向かったころにこういったそうだ。「昔、コンビニで買ってきた焼き鳥をみんなで食べたよね。またああいう暮らしがしたい」と。それで彼はわれに返り、資産で財団を設立した。奇《く》しくも彼が「真人間になりました」といったように、大金を得て人生を狂わせないよう、**自分を過大評価するのはほどほどにしたほうがいい。**

人《ひと》の己《おのれ》を知《し》らざるを患《うれ》えず。己《おのれ》の能《よ》くすること無《な》きを患《うれ》う。

人から評価されないのを不満に思う暇があったら、自分に何が足りないかを考えることだ。

（憲問第十四／365）

「あこがれの人」に近づけているか

ビジネスパーソンのよくある悩みの一つに、自分が思うほどには周囲が評価してくれない、というものがある。彼らの胸の内には、たとえば「こんなにがんばっているのに、もっとがんばれといわれても……」とか、「これだけ実績をあげたのに、どうして評価されないんだ」「同期の誰よりも真面目に一生懸命働いているのに、自分だけがなぜいまだに半人前扱いなんだ」などなど、いろんな不満が渦巻いている。

しかし悩んでもしょうがない。評価するのは他者なのだから、コントロールしようがない。ここは不満を封印し、思考を「自分が思うほど、大した力量ではないということだな。どこが不足しているのだろう」という方向にスイッチするといい。

ベストなのは、**自分の目標とする人物を設定して、その人と自分の能力差を明確にする**ことだ。それが「自分の力量を知る」ことにつながる。私自身、いまも鈴木大拙《だいせつ》という禅に関する著作を英語で著した世界的仏教学者を目標とし、彼との差を少しずつでも縮めようと努力を続けている。おかげで周囲の評価など気にもならない。

道

驥《き》は其《そ》の力《ちから》を稱《しょう》せず、
其《そ》の徳《とく》を稱《しょう》するなり。

名馬は速く走ったり、重い荷物を運んだりする能力が高いから名馬なのではない。風格があるから名馬と讃えられる。人間も同様だ。

（憲問第十四／368）

まずは風格、能力は二の次

孔子は「名馬」になぞらえて、人間のことを説いている。

たしかに、いくら業績をあげても、能力が高くても、それだけで周囲の尊敬を集めることはできない。人格が備わっていなければ、「能力と人格って、比例しないもんだね」などと陰口を叩かれるだけである。

みなさんだって、上司がいかに優秀でも、「ただビジネスがうまいだけで、人間的にどうかと思う」ようなところがあると、その人の指示や話に素直に耳を傾ける気にはなれないだろう。顔を合わせただけで、その人格に頭が下がるような風格があってこそ、上司として尊敬できるのだ。

尊敬される人物の共通点は、「能力レベル」を突き破って、「風格」の領域に達していることにある。

道

直《ちょく》を以《もっ》て怨《うらみ》に報《むく》い、徳《とく》を以《もっ》て徳《とく》に報《むく》いん。

怨みの感情は、公平感のなさから発生する。
公平無私な人間は元来、怨まれることはない。

（憲問第十四／369）

「公平な視点」で世の中を観る

「直」とは、公平無私。何事に対しても、私的な感情に流されず、見たこと・聞いたことをそのまま事実として受け取ることを意味する。

怨みの感情というのはだいたいにおいて、「どうして私ばかりがひどい目に遭うんだ」というような、不公平感から生まれる。**公平無私な態度でいれば、自分に起きたことを事実のまま受け取るだけ。**「ひどい目に遭ったことには、自分にも原因がある」と捉えるので、世や人を怨むことがなくなる。

逆にいえば、人に怨まれたくなければ、公明正大な言動を心がける必要がある。

道

己《おのれ》を脩《おさ》めて以《もつ》て人《ひと》を安《やす》んず。

自分の人格を高めるように努める目的は、周りの人々を安心・満足させることである。

（憲問第十四／377）

自分を修め、人を治める

「修己治人《しゅうこちじん》」は儒教思想の根本概念の一つだ。まず大事なのは「修己」、気まま・わがままに振る舞いがちな自分の身を厳しく律して修めることを意味する。これができると、自然と人を治める能力、つまり「治人」が可能になる。

もっともコントロールが難しいのは自分自身。その自分を律することができれば、他人を厳しく律することなどずっと簡単だ。しかも自他ともに厳しい人間は、周囲から信頼される。それが「人を安んず」、人々の安心・満足につながる。

さらにいえば、己に克つこともできないような人間は、競争社会を勝ち抜くこともできない。なぜなら、社会・他者に対していい影響を与えることができないからだ。その意味では、「修己治人」は**「競争社会に振り回されない、たしかな自分をつくる」**ためのキーワードともいえよう。

衛《えい》霊《れい》公《こう》第十五

人生には「責任」がつきまとう

Eireiko

言忠信《げんちゅうしん》、行《おこない》篤敬《とくけい》ならば、蠻貊《ばんばく》の邦《くに》と雖《いえど》も行《おこな》われん。

人々が発言に真心、行動に慎み深さを身につければ、どんな未開の国でも道徳的社会を実現することができる。

（衛霊公第十五／384）

「言忠信」で人を束ねる

「蠻貊」とは、南蛮と北狄《ほくてき》のこと。中国の南と北にあった、未開の国を意味する。いってみれば〝野蛮国〟だ。それゆえに、そこに住む人々は、人間としてのあり方が完璧にはほど遠いのは否めない。それでも孔子は、道徳的社会を実現することができるという。その方法は、人々の発言や行動に表れる「心」を正していくことだ。

「言」に関しては、行動とちぐはぐなことをいわない、すぐに前言を翻さない、論理に矛盾のあることをいわない、心にもないことをいわないなど。また「行」については、粗野で暴力的、非礼無礼な振る舞いをしないことがあげられる。

ようするに文明国であろうと、そうでなかろうと、いい社会をつくるためにもっとも大事なのは**人々に「言忠信」――発言が誠実で信頼でき、行動が人情に篤《あつ》く誠実で、どんな相手でも敬い慎しみ深く接することの大切さを教え、実践させる**ことである。

私は学校の先生に、よくこの言葉を教えている。「言忠信が大事だよ」と。ビジネスパーソンにも部下を束ねるときのキーワードにしていただきたい。

知《ち》者《しゃ》は人《ひと》を失《うしな》わず。亦《また》言《げん》を失《うしな》わず。

世間がわかっている人は、相手によって話を変える。だから、立派な人物からの信頼を失うことはないし、話が通じない相手に失言することもない。

（衛霊公第十五／386）

相手に応じて話題を選ぶ

前段で孔子は、「自分と同じ考えを持つ人とせっかく会っているのに、それをいわないでいると、信頼を失う」といっている。それでは、せっかく「同志」ともいうべき人に出会っていながら、親しく交流するチャンスを失うことになる。「心の友」がすれ違ったまま、遠くへ行ってしまうのだ。

また「この人のいっていることは間違っているな」と思ったにもかかわらず賛同するなどしたら、それは失言をしたのと同じことだとしている。

ここから私たちが学ぶべきは、話が通じる相手とはとことん心を開いて話し合う。逆に、話が通じない相手には正論・持論をぶつけても意味がないので、会話そのものをやめるか、話題を変えるかする。そうやって、**相手に応じて話題を選び、会話をするのが大事**だということだ。

人《ひと》遠慮《えんりょ》無《な》ければ、必《かなら》ず近憂《きんゆう》有《あ》り。

将来を見通していなければ、必ず近いうちに問題が多発するものだ。

（衛霊公第十五／390）

「先」を見通しつつ「いま」に集中する

「将来のビジョンを描くことに力を入れるべきですか？　それともいまやるべきことに集中するべきですか？」

そんな質問をよく受ける。「AとBとどちらを取るか」という発想自体がよくない。私は「AとBの両方を取りなさい」と指導している。

たとえば車を運転するとき、あなたは遠くばかり見ているだろうか。あるいは手元のハンドルや計器だけを見ているだろうか。それはない。両方を見ているはずだ。遠くを見ていれば、「もうすぐカーブがあるな」「坂道になるな」「道が混んでるな」「交差点があるな」などとわかる。わかるからこそ、いまどんなふうに運転すればよいかが判断できる。それと同じことだ。

三年、五年先が見えていれば、いま何をすればいいかが明確になる。逆にいえば、三年、五年先のことがぼんやりとしていれば、いまもぼんやり暮らすことになる。

躬《み》自《みずか》ら厚《あつ》くして、薄《うす》く
人《ひと》を責《せ》むれば、則《すなわ》ち怨《うらみ》
に遠《とお》ざかる。

自分には厳しくするが、人の非はあまり責めないようにする。そうすれば、人から怨みを買うことはなくなる。

（衛霊公第十五／393）

「寛容力」を磨く

世の中には、「自分に甘く、人には厳しい」人が多い。

たとえば部下が締め切りを守らないと、「だから、君はダメなんだ」に始まって、人格を否定するようなことまで述べ立てて、くどいくらいに叱責する。ところが自分が締め切りを守れないときは、「いやあ、忙しくて手が回らなかったよ」とか「何かやる気が起きなくてさ」などと笑ってすませる。そういうのが「自分に甘く、人に厳しい」人である。当然、部下から「なんだよ、人のことばかり責めて。自分はどうなんだよ」と怨まれる。

何があっても、責めるべきは自分自身。そう決めた瞬間に、人に対して寛大になっていくだろう。怨まれたくなければ、人の非を責め立てることを控えたほうがいい。

之《これ》を如何《いかん》せん、之《これ》を如何《いかん》せんと曰《い》わざる者《もの》は、吾之《われこれ》を如何《いかん》ともすること末《な》きのみ。

「どうすればいいだろう、どうすればいいだろう」と一生懸命考えている人でなければ、指導のしようがない。

（衛霊公第十五／394）

「ひらめき」は問題意識から生まれる

難しい問題を前にして、頭を抱えてしまうことがある。そのときに、ただウンウンうなっているだけでは、解決の糸口は見つからない。

ウンウンうなりながらも、一生懸命考えるのだ。そうすれば、解決を呼び込むための〝頭の下地〟が整う。何気ない話がヒントになったり、バラバラになっていた考えが突如まとまったりして、解決策が見えてくるものだ。

孔子がいうのも、まさにこのこと。「どうすればいいだろう」と答えを求めて考え抜いている状態なら、自分の教えが、真綿が水を吸い込むように吸収される、ということだ。

これは語呂のいい言葉なので、**何かを考えるときは「之を如何せん、之を如何せん」とつぶやいてみる**のもいい。解決への意欲が高まるはずだ。

君子《くんし》は矜《きょう》にして争《あらそ》わず。
羣《ぐん》して黨《とう》せず。

「プライドを傷つけられた」と争うようでは、まだ人間が小さい。立派な人は「人との和」を大切にするから、争いはしない。また、組織に属しても、派閥をつくったりはしない。

（衛霊公第十五／400）

〝お山の大将〟になるな

自分自身や仕事を誇りに思うことは大切だ。ただ、その誇りが「誰かと比べて、自分のほうが能力は上だ」とか「ほかの仕事と比べて、自分の仕事のほうが上等だ」などという**相対評価に基づいたものなら、それは「中途半端なプライド」だ。**

だから、たとえば自分が下に見ていた人に意見されたり、出世競争で追い抜かれたり、簡単な仕事しか与えられなかったりすると、プライドが傷けられ争うことになる。

一方、絶対評価の下で、「自分は正しいことをやっている」「世のため人のために仕事をしている」と信じていれば、人からどう思われようと、何といわれようと意に介さない。真の誇りがあるから、人と争わずにわが道を突き進むことができるのだ。

また誇り高き人は、周囲と協力し合うことは厭わないが、派閥をつくるなどして群れることは嫌う。群れるのは、自分に自信のないことの裏返し。小さな群れをつくって〝お山の大将〟でいようだなんて、浅ましい考えである。

真のリーダーになるためには、中途半端なプライドは捨てたほうがよろしい。

君子《くんし》は言《げん》を以《もっ》て人《ひと》を擧《あ》げず。人《ひと》を以《もっ》て言《げん》を廢《はい》せず。

人材を抜擢するときは、発言よりも人柄を重視しなさい。しかし人柄に難のある人物でも、いい発言をしたら無視せず認めてあげなさい。

（衛霊公第十五／401）

「心眼」を備える

発言の表面だけを受け取り、「なかなかいいことをいうね」と、安易に人を抜擢すると、失敗することが多い。再三述べているように、言葉の真意を見抜き、ウソ偽りをいわない人物かどうかを判断する必要がある。

かといって、表面的な振る舞いや、相手との相性・好き嫌いなどから「あいつはダメだ」と即断して、発言に聞く耳を持たないのもよくない。じっくりと話を聞き、内容の良し悪しを判断することが求められる。

ようするに、**人材を登用する任にある者は、言葉や見た目、態度などに惑わされず、人物・発言を見抜く「心眼」ともいうべきものを備えることが大切**なのである。

小《しょう》、忍《しの》ばざれば、則《すなわ》ち大謀《たいぼう》を亂《みだ》る。

大望を遂げるためには、些細なことにいちいち反応しない。忍耐強く受け止めなさい。

（衛霊公第十五／405）

できるリーダーの「大局観」

たとえば一つのプロジェクトを進めるとき、重箱の隅をつつくように、小さなことを指摘してくる人がいる。そこから、ああでもない、こうでもないとやっていると、物事が進まない。小さなつまずきを繰り返して、歩みが遅れてしまうのだ。

リーダーとしては「そんなことはどうでもいいじゃないか」とムキになって、怒りたくもなるだろう。しかし、いちいち反応していては、ますます遅れるばかりなので、そこはガマン。一応、指摘は受け止めて、「なるほど、正論だね。でも、いまはこのままでいいんじゃないか。考えておくよ」などと流せばいい。

些細なことをおろそかにするのはよくないが、それが**致命的な支障を来さないと判断できるなら、多少は大ざっぱでもよい**のではないかと思う。大局観を持つということは、いま起きている問題が、かかずり合う必要のあるものかどうかを見分けることでもあるのだ。

衆《しゅう》之《これ》を悪《にく》むも必《かなら》ず察《さつ》す。
衆《しゅう》之《これ》を好《この》むも必《かなら》ず察《さつ》す。

世の中の流れや多数派の意見に流されてはダメ。必ず自分でその良し悪しを判断しなさい。

（衛霊公第十五／406）

〝そうだの輪〟を疑え

人間にはどうも、多数派につくことを好む傾向があるようだ。一人が大きな声で「Aだ!」というと、数人が「そうだ、そうだ」と追随する。それを見て、また〝そうだの輪〟が広がっていく。

流行はそうやってつくられるものだし、インターネット全盛の現代にあっては、ものすごい速さで〝そうだの輪〟が拡大していくケースが多々見られる。

しかし「多数派の意見が正しい」とは限らない。安易に迎合すると、大変な過ちを犯す場合も少なくないのだ。戦争時の民衆の異常心理がその典型。歴史がそれを証明しているではないか。

大事なのは、大勢に流されるのではなく、**自分の目で見て、自分の耳で聞き、自分の肌で感じ、自分の頭で筋の通ったことかどうか考え、行動する**ことだ。

ポイントは「察する」こと。「察」の字が、神棚に向かって無心で手を合わせることを意味するように、心を無にして思慮を巡らさなくてはいけない。

君子《くんし》は道《みち》を憂《うれ》えて貧《まず》しきを憂《うれ》えず。

貧しさなど心配するにはおよばない。心配すればするほど、心まで貧しくなってしまう。暮らし向きがどうであれ、心のありようとしての豊かさを追求するべきである。

（衛霊公第十五／410）

心まで貧しくしない

周りがみんな貧しいと、貧しさはあまり気にならないものだ。たとえば戦後の貧しい時代、人々は貧しいのが当たり前。豊かな暮らしを夢見て、元気に生きていた。**貧しさを心配の種ではなく、明るい将来に向かう原動力としていた**のだ。

いまは時代が違う。「一億総中流社会」を経て「格差社会」へと向かうなか、貧しいことが大変な引け目になってきた。そのために必要以上に貧しさを嫌うわけだ。しかし、よく考えてみてほしい。貧しさを憂えると、心が病む。そっちのほうがよほど大変な問題ではないか。

とりあえず、いま貧しいことは視野の外に置き、心を元気にすることに力を注いでほしい。そもそもハングリー精神や夢に向かってがんばる気持ちというのは、貧しさからしか生まれない。経済的豊かさよりも心の豊かさを求めることで、人生はやりがいに満ちたものに変わるのだ。

君《きみ》に事《つか》えては、其《そ》の事《こと》を敬《けい》し、其《そ》の食《しょく》を後《のち》にす。

上司の下で、一心不乱に職務に励みなさい。
報酬は二の次だ。

（衛霊公第十五／416）

「やりたいかどうか」を判断基準に

入社する会社を決めたり、仕事の依頼があったりしたとき、何よりもまず給料・報酬を気にする人が多いのではないだろうか。そして額を聞いて、「そんな安いなら、やらない」と決める場合もあるかと思う。まさか「そんな高いなら、ご期待に沿えそうもないから、断ります」という人はいないだろう。

そんなふうに報酬を基準にして仕事を選ぶべきではない。たとえ安くても、一生懸命取り組んで成果をあげれば、自然と報酬は上がるではないか。逆に、高いからヨシと引き受けても、「報酬に見合う働きをしない」と減給になる可能性もある。

基準とするべきは、自分がやりたいと思うかどうかだ。依頼を受けたら、まず仕事の内容を聞くのが筋。報酬は二の次である。

実際、報酬を度外視してもやりたいと思う仕事は、自分のやるべき仕事でもある。そういう仕事はだいたいにおいて、非常にやりがいがあり、充実感・満足感が大きいものだ。報酬には換えられない喜びが得られるだろう。

教《おしえ》有《あ》りて類《るい》無《な》し。

人間の「差」は、学んだか学ばないかで決まる。だから、学ぶ機会はみなにあるべきだ。それが人間を「区別」しない平等な社会というものだ。

（衛霊公第十五／417）

人間はいかようにも変われる

日本には昔、歴然とした「身分制」があった。どんな家に生まれたかで、貴い・賤しい、豊か・貧しいが決まっていた。どんなに学問に励もうとも、この差を埋めることはできなかったのだ。いや、そもそも貧しい家の子どもは学問をすることすらできなかった。実に不平等な社会である。

しかし、いまは違う。福澤諭吉が『学問のすゝめ』のなかで、「これからの社会は、学んだか、学ばないかですべてが決まる。みんなが同じスタートラインに立って教育を受けられるようにしなければならない。それによって、学問を軸にした真に平等な社会が形成される」といっているように、「教育によって立派な人間をつくる」ことが重視されている。

実際、**教育によって人間はいかようにも変わる**。教育者あるいは企業の上に立つ者は、そこをしっかり踏まえて、生徒・部下の指導に当たっていただきたい。

道同《みちおな》じからざれば、相《あい》爲《ため》に謀《はか》らず。

志を同じくする者たちとだけ、腹を割って話をすればよい。

（衛霊公第十五／418）

ともに仕事をする価値がある人、ない人

どこの企業にも社是・社訓というものがある。そこに、その企業が事業展開をしていくうえでの根本的な考え方――理念が示されている。

その理念が単なるお題目になってはいないだろうか。それでは社員の心も行動もバラバラになって、企業活動がうまくいくわけはない。

立派な会社は何よりも企業理念を大切にしている。経営者をはじめとするリーダーが口を酸っぱくして、事あるごとに理念を説き、社員の一人ひとりに浸透させているのだ。だから社員同士が「それは理念に則った行動か」を突き詰めて考え、行動する強い集団になっている。

もし「理念って何でしたっけ?」というとぼけた社員がいたのなら、ともに仕事をする価値がないと見なしてもいいくらいである。

季《き》氏《し》第十六

ここを戒めよ！

Kishi

益者三友《えきしやさんゆう》、損者三友《そんしやさんゆう》あり。直《ちよく》を友《とも》とし、諒《りよう》を友《とも》とし、多聞《たぶん》を友《とも》とするは益《えき》なり。

有益な友、有害な友にはそれぞれ三種類ある。実直で義理堅く、ものをよく知っている人は、何かといい影響を与えてくれるのでつき合うとよい。

（季氏第十六／424）

「良友」「悪友」には三種類ある

「季氏第十六」には、「三」という数字がよく出てくる。物事を考えるとき、三つに分類すると、意外と頭がすっきりする。覚えておくといいだろう。

それはさておき、ここではまず良友・悪友の特徴をそれぞれ三つあげている。良友は右に超訳した通り。そういう友は信頼できるし、学ぶことも多い。ともに人生を歩むと、実り多き交際ができるだろう。

一方、悪友について述べた続くくだりには、「便辟《べんぺき》を友《とも》とし、善柔《ぜんじゅう》を友《とも》とし、便佞《べんねい》を友《とも》とするは損《そん》なり」とある。体裁ばかり気にしていて、裏表があって、口先が巧みな人とはつき合わないほうがいいという。

困ったことに、悪友というのはつき合っていて楽しいものだ。表面的に〝いい人〟のように感じるし、話もおもしろいからだ。ただ、いかんせん、言動が軽はずみ。うっかり近づくと、〝悪の道〟に引きずり込まれかねない。**つき合う友人が良友か悪友かで、人生に雲泥の差が出てくる**ので、しっかりと見極めたい。

君子《くんし》に侍《じ》するに、三愆《さんけん》有《あ》り。言《げん》未《いま》だ之《これ》に及《およ》ばずして言《い》う、之《これ》を躁《そう》と謂《い》う。

上の者に対して冒してはならない三つのタブーがある。一つは、話を振られてもいないのに、自分から発言することだ。出しゃばりはいけない。

（季氏第十六／426）

立場をわきまえる

右のほかに、あと二つのタブーについては、「言之《げんこれ》に及《およ》びて言《い》わざる、之《これ》を隠《いん》と謂《い》う。未《いま》だ顔色《がんしょく》を見《み》ずして言《い》う、之《これ》を瞽《こ》と謂《い》う」とある。超訳すると、「発言するべきときに、自分の意見をきちんといわないのはよくない。隠し立てしているのと同じだ。相手の反応や気持ちを無視して発言するのはよくない。目が不自由なのと同じだ」

というふうに述べている。これら三つ――「躁」「隠」「瞽」が上の者に接する態度として思わしくないということだ。

まったくもってその通り。**でしゃばって発言すること、いいたいことをいわずに隠し立てをすること、相手の表情や態度から気持ちを察することなくしゃべること、この三つはしない**よう努めていただきたい。

君子《くんし》に三戒《さんかい》有《あ》り。少《わか》き時《とき》は、血氣《けつき》未《いま》だ定《さだ》まらず、之《これ》を戒《いまし》むる色《いろ》に在《あ》り。

青年期、壮年期、老年期に応じて、戒めなければならないことがある。青年期は体の欲求が不安定なので、性欲に流されないよう注意しなさい。

（季氏第十六／427）

青年期、壮年期、老年期――それぞれ注意すべきこと

ここでは**人生を青年期、壮年期、老年期と三つに分けて、それぞれの年代に応じて注意しなくてはいけないことをあげている。**血気盛んな青年期は、〝色〟に惑わされないこと。恋愛は大いにしたほうがいいが、性欲ばかりが先に立つと身を持ち崩さないとも限らない。ある程度はセーブするくらいがちょうどいいだろう。

また壮年期については「其《そ》の壮《そう》なるに及《およ》びてや、血氣《けっき》方《まさ》に剛《ごう》なり、之《これ》を戒《いまし》むる鬪《とう》に在《あ》り」と述べている。〝剛の者〟になって強気なのはいいけれど、闘争心をむき出しにして、あんまりケンカをしてはいけない、ということだ。若いときのケンカはいくらでも取り返しがきくが、五十前後になってまだケンカ腰が直らないのは困る。

さらに老年期については、「其《そ》の老《お》ゆるに及《およ》びてや、血氣《けっき》既《すで》に衰《おとろ》う、之《これ》を戒《いまし》むる得《う》るに在《あ》り」と注意を促す。年を取ると衰えをおそれるあまり、逆に強欲になる場合がある。それでは〝欲ボケ〟になるだけ。物欲を鎮めることが肝心だ。

自分の年代に照らし合わせて、戒めとしてほしい。

君子《くんし》に三畏《さんい》有《あ》り。天命《てんめい》を畏《おそ》れ、大人《たいじん》を畏《おそ》れ、聖人《せいじん》の言《げん》を畏《おそ》る。

人間には、畏敬するべきことが三つある。天命と立派な人物と、その言葉である。

（季氏第十六／428）

絶対ないがしろにしてはいけないこと

人間は天から使命を授けられて、この世に生まれてきた。その天命に逆らわないように生きていくことが大切だ。もっとも天命に気づかなければ、畏れようもない。わからない人は〝内なる自分〟に問いかけてみるといい。「自分の使命は何なのか」と。前に述べたように、自分が子どものころ、どんなことに夢中になっていたかを思い出せば、自ずと天命を知ることができる。

また立派な人物とその言葉に畏敬の念を持つというのは、自分の足りないところを自覚するために必要なことだ。そこから向上心が生まれるのである。

いうまでもなく、大したことのない人間はこれら三つをないがしろにして生きている。「天命？ そんなものはどうだっていいよ」とか、「立派な人物だって、同じ人間じゃあないか。何もかしこまることはないさ」「いい話を聞いたって、説教くさくて退屈なだけだよ」といったふうに。**天命・大人・聖人の言葉をないがしろにすると、決していい人生を生きることはできない**と断言しておこう。

困《くるし》みて學《まな》ばざるは、民《たみ》
斯《これ》を下《げ》と爲《な》す。

人の道を理解しなければならない状況にあっても、問題意識が低く、いっこうに学ぶ努力をしようとしない人間は最低だ。

（季氏第十六／429）

人間のランクはここで決まる

孔子の言葉を読んでいると、「学ばなければ人間ではない」といわれているような気持ちにすらなるのではないだろうか。そのくらい人生において学びは大切だということだ。そんな孔子らしく、学びを基準に人間を四つにランク付けしている。

もっとも上等な人間は、「生まれながらにして道理がわかっている者」だという。これはかなりハードルが高い。そんな人は稀《まれ》だ。しかし、次に上等なレベルなら、誰にでも目指せる。それは「学んだことによって道理を理解するに至った者」だ。学ぶ意欲があって、現実に学びを実践し、行動に生かしている人は最高ランクといっていい。

いただけないのは、次にくる「何か問題があってから、学ばないといけないなと気づいて、努力を始める者」。大半の人がこれに相当するのではないだろうか。**何かあってからでは遅い。学ぶのに時を選んではダメ**なのだ。

そして最低なのが右に超訳した人間である。学ぶ必要性があるのに気づこうともせず、怠けているようではもはや人間失格といっても過言ではない。

君子《くんし》に九思《きゅうし》有《あ》り。

優秀なリーダーになれるかどうかは、普段の心がけしだい。九つのことを意識して実践し、習慣化することが大切だ。

（季氏第十六／430）

リーダーは「九思」を習慣化せよ

「九思」とは何なのかが、次のくだりで述べられている。「視《み》るには明《めい》を思《おも》い、聴《き》くには聴《そう》を思《おも》い、色《いろ》は温《おん》を思《おも》い、貌《かたち》は恭《きょう》を思《おも》い、言《げん》は忠《ちゅう》を思《おも》い、事《こと》は敬《けい》を思《おも》い、疑《うたが》いには問《と》うを思《おも》い、忿《いかり》には難《なん》を思《おも》い、得《う》るを見《み》ては義《ぎ》を思《おも》う」と。意味は次の通り。

一つ、人物や物事を見るときは、一点の曇りもない目で見極める。
二つ、人の話を聞くときは、一心に耳を傾ける。
三つ、不愉快なことがあっても、いつも穏やかな表情でいる。
四つ、人に対しては常に謙虚に、敬意をもって接する。
五つ、意見を求められたときは、公正な判断の下に発言する。
六つ、仕事をするときは、慎重に事を進める。
七つ、わからないことがあるときは、知ったかぶりをせず、人に尋ねる。
八つ、怒りの感情のままに行動することは慎む。
九つ、理由なく差し出された金品は受け取ることを拒む。

善《ぜん》を見《み》ては及《およ》ばざるが
如《ごと》くし、不善《ふぜん》を見《み》ては
湯《ゆ》を探《さぐ》るが如《ごと》くす。

善行に触れたら「自分にはおよばないな」と反省し、よからぬ行為を目にしたら「自分は手を染めまい」と思う。それが立派な人間の心得である。

（季氏第十六／431）

「悪行」すらも手本とする

ここは「湯を探るが如くす」という表現がおもしろい。湯の温度を見ようと手をつっこんだら、それが熱湯で、ウワッと飛びのく、そんな様を意味する。

同じように、周囲に悪事を働いている人がいるとわかった瞬間、「そんなことに関わるなど、まっぴらごめんだ」とばかりに、自分は関わらないようにしなければいけない。興味津々に身を乗り出すのはもってのほか。火傷をするだけだ。

また善行を見たら、自分がまだまだ未熟だと反省し、すぐに見習おうとするのが、「及ばざるが如くし」ということ。これもまたいい表現である。

善行を見て向上心の火をつけ、**悪行を見て自分の心に生じそうな邪な考えの火を消す。**その意味では、善行も悪行も自分にとってのいい手本になるのである。

天

陽貨《ようか》第十七

人の天性には差がない

Yoka

性《せい》相《あい》近《ちか》し。習《ならい》相《あい》遠《とお》し。

人間の天性には差がない。生まれてからの学びや習慣によって、立派な人とそうでない人との違いが出てくるのだ。

（陽貨第十七／436）

人生は「習慣」で変わる

「**高貴な家柄だろうと、貧しい家の生まれだろうと、人間の天性に変わりはない**」というのが孔子の考え。生まれつき立派な人間などいない、ということでもある。

ではなぜ、立派な人物とそうでない人物とができてしまうのか。その決め手は、成長過程で何をどんなふうに学んだか、あるいはどんなことを習慣的に行なっているか、にある。だから「もっとお金持ちの家に生まれていたらなあ」とか「うちがもっといい遺伝子の家系だったらなあ」などというのは、自分が学ばなかったこと、いい習慣を持たなかったことの言い訳でしかない。

もう一つ、いい言葉を紹介しておこう。「心が変われば行動が変わる。行動が変われば習慣が変わる。習慣が変われば人格が変わる。人格が変われば運命が変わる」――。

これは、元メジャーリーガーの松井秀喜氏が星陵高校時代に野球部の山下監督から贈られた言葉で、彼はこれを座右の銘にしているそうだ。結局のところ、心が立派な人格をつくるのである。

能《よ》く五《いつ》つの者《もの》を天下《てんか》に行《おこな》うを仁《じん》と為《な》す。恭《きょう》・寛《かん》・信《しん》・敏《びん》・恵《けい》なり。

仁とは、「恭順・寛容・信頼・俊敏・恵み」の五つを実践することだ。

（陽貨第十七／440）

行動規範にすべき「五つの漢字」

「恭・寛・信・敏・恵」の五つの漢字をそれぞれ、次のように説明している。

「恭《きょう》なれば則《すなわ》ち侮《あなど》られず」――慎み深くあれば、人から侮られることはない。

「寛《かん》なれば則ち衆《しゅう》を得《え》」――心が広く、人に対しても寛容であれば、人々の心を得られる。人は自分が受け入れられることを喜ぶので、寛大な人には好意を持つものだ。

「信《しん》なれば則ち人任《ひとにん》じ」――言行が一致していれば、人に信用され、仕事を任される。

「敏《びん》なれば則ち功有《こうあ》り」――機敏に実行すれば、仕事のスピードが上がるし、多くの成果をあげることもできる。

「恵《けい》なれば則ち以《もっ》て人《ひと》を使《つか》うに足《た》れり」――人に恵みをもたらすことを喜びとすれば感謝され、人をうまく使うことができる。


このように、五文字で人の行動規範を表せてしまうのが、漢字のすばらしいところ。**リーダーはもとより管理職、一般社員まで、この漢字五文字を規範として行動するのが望ましい。**自らの行動を律するためのチェックポイントにもなる。

勇《ゆう》を好《この》めども學《がく》を好《この》まざれば、其《そ》の蔽《へい》や亂《らん》なり。

勇敢であっても、学問をおろそかにすれば、社会を乱す者になるだけだ。

（陽貨第十七／442）

美徳も過ぎれば悪徳になる

この項ではあと五つ、全部で六つの心得を述べている。すべて美徳とされていることだが、大事なことを見失うと悪徳になりうることを諭す。ざっと紹介すると――。

一つ目は「仁」。思いやりの心があっても、相手の望まないことをやると愚劣となる。

二つ目は「知」。せっかく学んでも実践できなければ、机上の空論になるだけだ。

三つ目は「信」。人を信頼するにもほどがある。度を超して信じたり、対象を間違えたりすれば、互いが裏切られたような気持ちになる。

四つ目は「直」。実直なばかりでは、むやみに他者を攻撃することにもなる。

五つ目は右の「勇」で、六つ目は「剛」。決めたことを頑《かたく》なに守るにしても、それが間違ったことであればひとりよがりなだけで迷惑だ。

どうだろう、的を射た指摘ではないか。**美徳とされているものにも弊害があることを知り、悪徳にならないよう注意が必要**だ。世の中には、自分でよかれと思ってやったことが、まったく逆の結果になることは山ほどあるのだから。

郷原《きょうげん》は徳《とく》の賊《ぞく》なり。

評判のいい人だからといって、簡単に信用してはならない。ただ八方美人なだけかもしれないし、偽善者である可能性もある。

（陽貨第十七／447）

〝いい人〟には注意が必要

「郷原」とは、ある地域で「感心な人物だ」と評判を取っているような人物を意味する。この評判ほど、当てにならないものはない。なぜなら、**人は簡単に人のうわべにだまされる**からだ。

たとえば人気を取るために八方美人になる、善行を施《ほどこ》す振りをして実は自分の利益のことだけを考えている偽善者であるなど、〝いい人仮面〟をはがすと、とんでもない素顔が出てくる場合だってある。

孔子はそういう人にだまされないようにしなさいよと、注意を促している。

道《みち》に聴《き》きて塗《みち》に説《と》くは、
徳《とく》を之《こ》れ棄《す》つるなり。

受け売りで発言するのはよくない。自ら徳を捨てるようなものだ。

（陽貨第十七／448）

〝情報の横流し〟はやめる

いま聞いたばかりのことを、まるで自分はずっと前からよく知っていたかのように自慢げに話す人がいないだろうか。

相手を感心させたいのだろうが、それが受け売りであることはやがてバレる。ちょっと突っ込まれるとタジタジになったり、その〝受け売り情報〟が間違っていて恥をかいたりする場合もある。結局、自分を下げるだけなので、やめたほうがいい。どうしても話したいなら、ちゃんと「いま聞いた話ですが」とか「受け売りですが」といった一言をつけ加えるべきだ。

身をもって体験したことや、学びと実践の繰り返しのなかで得た知識だけを話すようにする。それが、徳のある人間の言動というものである。

子《こ》生《うま》れて三年《さんねん》、然《しか》る後《のち》に父母《ふぼ》の懐《ふところ》を免《まぬが》る。夫《そ》れ三年《さんねん》の喪《も》は、天下《てんか》の通喪《つうそう》なり。

子どもは生まれてから三年、両親の懐に抱かれて過ごす。それだけ親を煩《わずら》わせたのだから、そのお返しをするためにも、両親が亡くなったら三年間喪に服すのは当然の礼儀である。

（陽貨第十七／455）

「あんな親不孝者はいないね」

このくだりは、弟子の宰我《さいが》から「親が亡くなったあと、喪に服するのは一年でも長いように思う。三年は長すぎるのではないか」と質問されたときの孔子の答えだ。

宰我は「三年も喪に服していると、身につけた礼法は乱れる。音楽も調子っぱずれになる。穀物だって一年で収穫するし、火をつける木も一年で一巡するのだから、一年で十分ではないか」などと、あれこれ理屈を述べ立てる。孔子はいったん、「お前が平気なら、そうすればいい」と折れるが、彼が退出した後に右のことをいい、「あんな親不孝者はいないね」とつぶやいたのである。

いっぱしの大人はあたかも一人で大きくなったような顔をするものだ。しかし孔子がいうように、誰しも生後三年間は両親の愛情を独占していた。その間、親はほぼ自由のない暮らしで、親にかなりの心労や気苦労をかけたのだ。それを思えば、「一年でも長い」などとは口が裂けてもいえないはずだ。現代は服喪期間が短縮化されているが、せめて**気持ちだけでも三年は喪に服す**のが望ましい。

天

飽食《ほうしょく》　終日《しゅうじつ》、心《こころ》を用《もち》うる所無《ところな》きは、難《かた》いかな。

おいしいものを腹いっぱい食べて、一日中ごろごろしているようでは、まっとうな人間になるのは難しい。

（陽貨第十七／456）

「食」へのこだわりを減らす

「グルメブーム」が止まらない。テレビをつければ、どのチャンネルでも食べ歩きだの、料理番組だの、食べ物に関するものばかり。レポーターが大きな口をあけて、贅沢な料理をパクリと食べては、「おいしい!」を連発している。

「おいしいものを食べたい」という気持ちはわかる。私だって好きだ。しかし「食べることだけが楽しみ」というふうになってしまうのは感心しない。それでは「食」にばかり意識が集中して、頭もお腹もいっぱいいっぱい。生きるうえでもっと重要なことがおろそかになってしまいかねない。

人間ならば、**理性で〝グルメ欲〟にブレーキをかける**必要がある。もりもり食べて太って、脂肪たっぷりの肉を蓄えることを使命とする家畜ではないのだから、グルメにかける情熱をよりよく生きるエネルギーに転換させたほうがいい。グルメに振り回されそうな自分を感じたら、この言葉を声に出してみてはいかがだろう。

君子《くんし》は義《ぎ》以《もっ》て上《じょう》と為《な》す。
君子《くんし》勇有《ゆうあ》りて義無《ぎな》ければ、
亂《らん》を為《な》す。小人勇有《しょうじんゆうあ》りて
義無《ぎな》ければ、盗《とう》を為《な》す。

勇気は筋道の通ったことに発揮されるべきだ。
立派な人物でも、勇気があって義がなければ
世の中を乱す。小人は盗みを働くだろう。

（陽貨第十七／457）

「やる勇気」と「やらない勇気」

たとえば一つのプロジェクトをやるか、やらないかの議論があるとする。そのプロジェクトが「義」——筋道の立ったことであれば、難題山積でも「やってみなければわからない」と挑むのは勇気のあることだ。

しかし難題をクリアするためになんらかの不正を働く必要が生じたら、やめる決断をするのが本当の勇気。それでも突っ込むのは単に無謀なだけ。それを押し通そうとする人が一人でもいると、世の中が混乱する。政界・実業界で頻発している数々の不祥事は、その典型だろう。

わかりやすいのは、「小人は盗みを働く」としていること。たしかに泥棒に入るのも、強盗をするのも、ある意味で勇気を要する。とはいえ、泥棒・強盗には義がない。何かに挑戦するときは、この視点から**「その勇気に義はあるか」と自問してみる**といい。自ずと、やるかやらないかの的確な判断ができる。

唯女子《ただじょし》と小人《しょうじん》とは、養《やしな》い難《がた》しと為《な》す。

教養がなく、人間として未熟な人とつき合うのは難しい。近からず、遠からずの距離を保つ必要があるからだ。

（陽貨第十七／459）

話の通じない人とはつき合わない

ここを文字通りに読むと、女性たちが「孔子は女性をバカにしてるんじゃないの?」と怒り出すかもしれない。が、それは誤解というもの。孔子は何も女性のすべてが小人といっているのではなく、感情的になりやすい、情緒に流れやすい性質を〝女性的なるもの〟としているだけだ。だから、そこを改善すると、女性はすばらしい、というふうに読むといい。

さて、**なぜ小人とのつき合いが難しいかというと、教養が低く、道義心も薄いために、こちらが正しいことをいっても話が通じないからだ。**また続くくだりに「之《これ》を近《ちか》づくれば則《すなわ》ち不孫《ふそん》なり。之《これ》を遠《とお》ざくれば則ち怨《うら》む」とあるように、親しくつき合ってやさしくするとワガママになってつけ上がる、遠ざけて厳しく接すると不平・不満から怨みを抱かれる、といった難点があるのだ。

微《び》子《し》第十八

こんな国、社会、組織にするな

Bishi

齊《せい》人《ひと》女樂《じょがく》を歸《おく》る。季《き》桓《かん》子《し》之《これ》を受《う》けて、三日朝《さんじつちょう》せず。孔子《こうし》行《さ》る。

齊という国の王様が美女八十人の音楽隊を送り込んできた。魯の国の大夫《たいふ》である季桓子は喜んでこれを受け、三日も政府の仕事をさぼった。孔子はあきれて魯の国を去った。

（微子第十八／464）

こんなダメなトップはすぐに見限れ

物語風に記されたこのくだりは、孔子一行が魯の国を去り、流浪の旅を始めたきっかけとなった事件。「美女八十人の音楽隊」と聞くと、いっときメディアを騒がせたどこかの国の「喜び組」なる美女集団を彷彿とする人も多いだろう。国や企業のトップ層を骨抜きにしようと企むこの種の贈り物は、昔からあったと見える。

そんなものをありがたく頂戴するようでは、話にならない。孔子はこのとき魯の国の大臣を務めていたのだが、あきれ果てて「もはやこの国にいてもしょうがない」と、大臣を辞めるどころか、国を去ることとさえしたのである。

上層部が〝色仕掛け〟の裏にある作為も見抜けない、あるいはうすうすわかっていながら乗ってしまうようではしょうがない。高級店での接待や大金・贅沢品の授受なども同じである。そんな**どうしようもないトップのいる組織は、こちらから見捨てるくらいの潔さがあっていい。**しがみついていたところで、ゆくゆくは組織が崩壊し、自分も路頭に迷うことになるだろう。

備《そな》わらんことを一人《いちにん》に求《もと》むること無《な》かれ。

一人の人間に完璧を求めてはいけない。欠点があることを前提に部下を使いなさい。

（微子第十八／470）

部下を簡単に切ってはいけない

前段に、周王朝の基礎を固めた政治家周公《しゅうこう》が、魯の国に赴任する息子に教えたことが述べられている。それは、

「親族をないがしろにしてはいけないよ。大臣から怨まれるような不公平な人事をしてはいけないよ。古くからの知人は、よほどの大罪を犯していなければ、見捨ててはいけないよ」

というもの。これは、いざというときに力になってくれるのがどんな人物かを考えると、よくわかる。なんといっても、親族、重臣、古くからの知人がトップスリーだろう。そういう人たちを簡単にクビにしてはいけない、ということだ。

とくに注意が必要なのは、有能な上司である。自分ができるものだから、部下にもつい完璧を求めてしまうところがある。そうではなくて、「人間には誰しも欠点もあれば、失敗もある」ことを前提に、**「長い目で立派な人物に育てる」**ことを意識してほしい。

改

子《し》張《ちょう》 第十九

改めるべきこと、改めざるべきこと

Shicho

得《う》るを見《み》ては義《ぎ》を思《おも》い

利益を得るときは、それが正当なものかどうかを判断する必要がある。

（子張第十九／472）

〝もらい慣れ〟するな

地位が上がるにつれて、〝いただきもの〟が多くなる。深く考えずに「お心づかい、ありがとうございます」とやっていると、しだいに〝もらい慣れ〟してくる。これが怖い。うっかり、もらってはいけないものをもらってしまいかねないからだ。

会社の利益も同じ。**「ちょっとくらいいいだろう」と不正をして利益が上がると、だんだんと不正に対する感覚が鈍くなる。**結果、平気で不正を重ねるようになるのだ。

また賞金や勲章なども、「自分ごときが」と思うところがあるなら、辞退したほうがいい。西郷隆盛にいたっては、幕府から禁門の変の功賞として薩摩藩士に五千両をつかわすというお達しがあったとき、「その程度の金で幕府のいいなりになるわけにはいかない」と突き返したくらいだ。といっても、いただくこともある。戊申の役のときに与えられた褒美は、ありがたくいただいた。ただし「最大の功労者は戦いに殉じた兵士たちだ」という義の下に、生き延びた兵士たちの褒美を集めて、人材育成の資金にした。このくらい清廉潔白な人間でありたいではないか。

君子《くんし》は賢《けん》を尊《とうと》びて衆《しゅう》を容《い》れ、善《ぜん》を嘉《よみ》して不能《ふのう》を矜《あわれ》む。

人事に際しては能力主義が過ぎて「排他的」にならないよう注意しなければいけない。立派な人物は能力の低い者をこの世からなくす努力をする。

（子張第十九／474）

組織は〝ボトムアップ型〟が基本

ある経営者が「凡人を集めて非凡なことをやるのが組織である」といっていた。まったくもって、その通り。能力の高い人間だけを集めて、できない人間を遠ざけるような人事を行なうなど、立派な経営者のやることではない。

孔子には、**「ダメなところのある人ほど、愛情をかけて育てる」**ところがある。優秀な人を抜擢するのと並行して、能力の低い人間をなくして、組織全体を〝底上げ〟していくことが重要なのである。

日《ひ》に其《そ》の亡《な》き所《ところ》を知《し》り、月《つき》に其《そ》の能《よ》くする所《ところ》を忘《わす》るること無《な》きは、學《がく》を好《この》むと謂《い》う可《べ》きのみ。

毎日、それまで自分の知らなかったことを知る。そして毎月、日々知り得たことを忘れないようにする。それを習慣づけている人は、学ぶことを好んでいるといえる。

（子張第十九／476）

「学びノート」をつける

学ぶとはどういうことかが、非常に具体的に述べられている。このアドバイスに従って、「学びノート」をつけてはどうだろうか。

まず毎晩、今日一日を振り返りながら、どんな新しいことを知ったかを書く。何も知識に限らなくてていい。本で出合ったたいい言葉とか、街を歩いていて「こんなものが流行っているのか」と気づいたこと、テレビのドキュメンタリー番組などで見た知らない分野の話、初めて聞いた音楽、散歩に出た公園に咲いていた花、メールにあった知らない単語……**ほんの小さなことでいいから、メモをしておく**のだ。この習慣がつくと、知らないことを知らないまま放っておけなくなる。

次に、月に一度、メモしたことを読み返す。メモは本来「備忘録」の機能を持つものだが、メモしっ放しで忘れ去られることは多い。それを防ぐにはメモを読み返して復習することが大事なのだ。

いままで知らなかったことを知る、それこそが学びの本質だと心得たい。

博《ひろ》く學《まな》びて篤《あつ》く志《こころざ》し、
切《せつ》に問《と》いて近《ちか》く思《おも》う。
仁《じん》其《そ》の中《うち》に在《あ》り。

志を立てて広く学び、わからないことはわかるまで、とことん考える。そうしたなかで、人の道を見出すことができる。

（子張第十九／477）

生きる道が見えてくる四つのポイント

ここは「博学篤志《はくがくとくし》」「切問近思《せつもんきんし》」という二つの四字熟語として覚えておくといい。

この漢字八文字に、学ぶことの四つのポイントが凝縮されているのだ。

第一に「博学」。身近な問題や興味のある分野に関することだけではなく、広く学ぶことだ。たとえば茶道を学ぶ場合、作法や茶の点《た》て方だけではなく、背景にある歴史や文化、道具、抹茶の産地や栽培など、関連する分野のことにまで興味を広げていく。

第二に「篤志」。何のために学ぶのか、そのテーマを明確にすることである。読書にたとえるなら、乱読ではなく、テーマに関連する本を精読することといっていい。

第三に「切問」。問題意識をもって、「なぜだ、なぜだ」と探求していくことだ。質問がないのは学びが足りない証拠。ちょっとかじっただけで、すべてをわかった気になってはいけない。

第四に「近思」。自分に引き寄せて学び、実践することである。

以上、四つのポイントを踏まえて学べば、やがて人として生きる道が見えてくる。

百工《ひゃくこう》は肆《し》に居《い》て以《もっ》て其《そ》の事《こと》を成《な》し、君子《くんし》は學《まな》びて以《もっ》て其《そ》の道《みち》を致《いた》す。

技術者が工場で製品を生産、販売して人々の暮らしに資するように、立派な人物は学ぶことを通して人格を完成させ、世の中に貢献しなくてはならない。

（子張第十九／478）

「知的生産」で事を成す

学ぶことを技術者の製品製造工程にたとえているのがおもしろい。モノを生産する人にとって、技術は必要不可欠だ。技術あってこそ製品は完成し、人々の暮らしに役立つモノとして販売されるわけだ。

人格者にとっての技術は、学びにほかならない。学ぶことによって人格が磨かれ、その人格によって世の中を幸せに導くのである。

技術も学びも、事を成すための道具ともいうべきもの。うまく使えるようにすること、十分に使いこなすことが、世のため人のために尽くすことにつながる。

小人《しょうじん》の過《あやまち》や必《かなら》ず文《かざ》る。

つまらない人間は、ミスをすると決まって言い訳をする。だから、いつまでたっても実力がつかないのだ。

（子張第十九／479）

ミスが多い人、少ない人

自分がミスをしたのに、あれこれいい繕うのは見苦しい。それが度重なって〝言い訳上手〟になると、周囲もなんとなく「だったら、しょうがないですね」と思わせられてしまう。

そのときは「うまくごまかせた。いい逃れることができた」と思うかもしれないが、本人にとっては大変な損失である。なぜなら「どう言い訳するか」ということばかりに頭を使うからだ。しかも言い訳が通用すると、ミスしたことの悔しさや恥ずかしさなどが薄まるので、同じミスを繰り返すことにもなる。

ミスはミスとして潔く認めるほうがいい。そして思い切り悔しい、恥ずかしい思いを味わう。それを経験して初めて、「また同じ思いをしたくない」という強い思いが記憶にインプットされ、同じミスをしないようになるのだ。ミスの少ない人間というのは、何度かミスをすることでつくられていくのである。

君子《くんし》に三變《さんへん》有《あ》り。之《これ》を望《のぞ》めば儼然《げんぜん》たり。之《これ》に即《つ》くや温《おん》なり。其《そ》の言《げん》を聴《き》くや厲《れい》なり。

遠くから見て威厳がある、近くで接すると温和である、話してみると厳しい——立派な人物にはこの三つの姿がある。

（子張第十九／480）

大人物かどうかを見分ける三つのポイント

たとえば講演会に出かけたとき、壇上で話す講師の姿を見て、威圧されるように感じることはないだろうか。実に堂々としていて、遠目でも威厳があるとわかるものだ。それが、大人物を証明する第一の要素だ。

第二・第三の要素は、講演会後の懇親会などに表れる。挨拶なり、名刺交換なりをしようと一対一で接すると、なんとも温和な雰囲気が感じられる。でも話をすると、発言が非常に厳しく、いい加減なことはいわない人だと思うだろう。

これら**三つの要素は、大人物かどうかを見分ける判断ポイント**として、あるいは自分が目指す大人物像のチェックポイントとして利用できそうだ。

信《しん》ぜられて而《しか》る後《のち》に諫《いさ》む。

上司に意見・進言するときは、信頼関係ができてからにするのがよい。上司の〝聞く耳〟を開くのは、信頼関係なのである。

（子張第十九／481）

信頼があるから「言葉」が届く

権力が大きくなればなるほど、周りには〝イエスマン〟が増えるものだ。これは困る。上の判断が間違っていても、諫《いさ》める人がいないため、独善に陥りやすくなるからだ。そこを危惧して、唐の時代には皇帝の〝ご意見番〟として、「諫議《かんぎ》大夫」という役職を置いたくらいだ。もちろん諫議大夫になるのは、上からの信頼が厚い人物である。でないと〝名ばかり役職〟になってしまう。

つまり、上司に〝聞く耳〟を持ってもらうためには、まず**上下の間に「信頼」のパイプをつなぐ**ことが肝要である。そのパイプがあって初めて、部下から上司への進言が届くようになる。

部下の立場にある人は、なんでもかんでもズバズバいえばいいというものではない。信頼関係がなければ、せっかくの意見・進言も上司には反抗・批判としか聞こえないことを覚えておいていただきたい。

君子《くんし》の過《あやまち》や、日月《じつげつ》の食《しょく》の如《ごと》し。

太陽も月も、日食、月食のときに欠けたところのある姿を露《あら》わにするように、立派な人間は自分の欠点をも隠さない。

（子張第十九／492）

孔子の「失敗学」

前に出てきた「小人《しょうじん》の過《あやまち》や必《かなら》ず文《かざ》る」と対句のようになっている言葉だ。日食・月食にたとえているところがおもしろい。

また続くくだりでは、「過《あやま》つや人皆之《ひとみなこれ》を見《み》る。更《あらた》むるや人皆之を仰《あお》ぐ」といっている。ミスをしたことは隠しようもない。隠したり、言い訳したりしても、周囲から軽蔑されるだけだ。しかしすぐに改める、あるいは次善の策を打つなどすれば、逆に周囲に尊敬してもらえる。そんな意味だ。

ミスが屈辱となるか、尊敬を呼ぶかは、ミスをミスと認めるか否かにかかっている。

論

堯曰《ぎょうえつ》第二十

論語の精神、ここにきわまれり

Gyoetsu

論

君子《くんし》は恵《けい》にして費《ついや》さず、労《ろう》して怨《うら》まず、欲《ほっ》して貪《むさぼ》らず、泰《たい》にして驕《おご》らず、威《い》ありて猛《たけ》からず。

必要な人に必要な恵みを与え、怨まれるような労働を強いず、多くを求めず、ゆったりしているが傲慢ではなく、威厳はあるが猛々《たけだけ》しくはない。それがバランスの取れた人間というものだ。

（堯曰第二十／498）

リーダーに求められる五つの任務とバランス感覚

恵み深いこと、仕事を与えること、成果を求めること、ゆったりと構えていること、威厳があること――これら五つは、リーダーに求められる資質だが、孔子はいずれも過ぎてはいけないことを諭している。

「過ぎたる」を具体的にいうと順に、生活や事業の補助をするにしても、必要性を考慮して、ばらまきになってはいけない。本人の適性に合わない仕事は与えない。成果を求めるあまり、重労働を強いてはいけない。鷹揚に構えていながらも、謙虚に、礼儀正しくなければいけない。威厳を保ちながらも、威圧的になってはいけない。ようするに、**五つの任務にバランス感覚を持って取り組むべき**だとしているのだ。

地位が高い分、部下に対しても謙虚に接することを心がけ、権力が強大であればあるほど、威圧的にならないよう注意する。それがバランスよくできて初めて、リーダーとしての資質が美徳となるのだ。

論語

教《おし》えずして殺《ころ》す、之《これ》を虐《ぎゃく》と謂《い》う。戒《いまし》めずして成《な》るを視《み》る、之《これ》を暴《ぼう》と謂《い》う。令《れい》を慢《まん》にして期《き》を致《いた》す、之《これ》を賊《ぞく》と謂《い》う。猶《ひと》しく之《こ》れ人《ひと》に与《あた》うるなり。出納《すいとう》の吝《やぶさか》なる、之《これ》を有司《ゆうし》と謂《い》う。

リーダーがやってはならないこと、それは「虐」「暴」「賊」「有司」の四つの言葉に集約される。

（堯曰第二十／498）

絶対にやってはいけない「四つの悪徳」

前項とは逆にここでは、**リーダーとしてはやってはいけないこと**が述べられている。

一つ目は「虐」。何も教育をしないでおいて、大きなミスを犯したら「クビだ！」といい渡すようなことだ。

二つ目は「暴」。あらかじめ注意を促さないで、うまくいくかどうかをチェックすることだ。

三つ目は「賊」。締め切りを伝えずにおいて、「期日を守れ」と叱ることだ。

四つ目は「有司」。情報や知識を出し惜しみするような〝小役人根性〟だ。

どれもリーダーがやってしまいがちなこと。教育するべきことは教育し、注意するべきことは注意し、連絡するべきことは連絡し、共有するべき情報は共有する。そこを怠ける人は「ダメ上司」といわざるをえない。

論

子《し》曰《いわ》く、命《めい》を知《し》らざれば、以《もっ》て君子《くんし》爲《た》ること無《な》きなり。禮《れい》を知《し》らざれば、以《もっ》て立《た》つこと無《な》きなり。言《げん》を知《し》らざれば、以《もっ》て人《ひと》を知《し》ること無《な》きなり。

孔子はいった。「天命を知って生きる、規範を守って行動する、人の言葉をよく聞き理解する。『知命』『知礼』『知言』を意識して生きていくのがよい」と。

（堯曰第二十／499）

「知命・知礼・知言」――論語の最後の言葉

論語の最後を締めくくるにふさわしい言葉である。ここを読むと、人として正しく生きる覚悟ができるというものだ。ポイントは三つ。

一つは、天命を知ること。天から与えられた使命を自覚して初めて、よい人生を生きることができるのだ。

二つ目は、礼儀を知ること。社会生活を営むためには、礼儀を身につけることが必要だ。

三つ目は、言葉を知ること。人がどういう気持ちから、何をいいたいのかを理解することで、人間は互いの意思の疎通を図ることが可能になる。

「知命・知礼・知言」という言葉を熟語のように覚えておくといい。ここに、論語の精神きわまれり、である。

参考文献

『新釈漢文大系〈1〉論語』吉田賢抗／明治書院

本書は、小社より刊行した文庫本を単行本化したものです。

超訳《ちょうやく》　論語《ろんご》
「人生巧者《じんせいこうしゃ》」はみな孔子《こうし》に学《まな》ぶ

著　者――田口佳史（たぐち・よしふみ）
発行者――押鐘太陽
発行所――株式会社三笠書房
〒102-0072 東京都千代田区飯田橋3-3-1
電話：(03)5226-5734（営業部）
：(03)5226-5731（編集部）
https://www.mikasashobo.co.jp
印　刷――誠宏印刷
製　本――若林製本工場

ISBN978-4-8379-2858-4 C0030
© Yoshifumi Taguchi, Printed in Japan
＊本書のコピー、スキャン、デジタル化等の無断複製は著作権法上での例外を除き禁じられています。本書を代行業者等の第三者に依頼してスキャンやデジタル化することは、たとえ個人や家庭内での利用であっても著作権法上認められておりません。
＊落丁・乱丁本は当社営業部宛にお送りください。お取替えいたします。
＊定価・発行日はカバーに表示してあります。

三笠書房

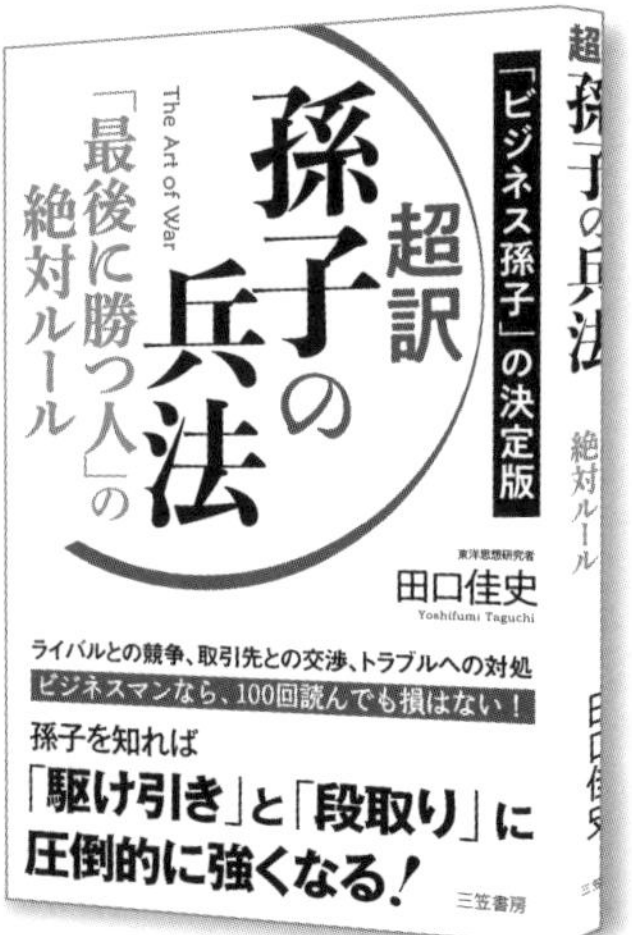

超訳 孫子の兵法

田口佳史

「最後に勝つ人」の絶対ルール

最後に勝つ人は「この鉄則」を知っている

- ◆「水面下の動き」も察知せよ
- ◆「ケンカ別れ」は愚の骨頂である
- ◆結局、一番強いのは「勢いに乗った人」
- ◆「連戦」だけは絶対に避けること
- ◆「一番」を狙っている人についていってみよ

ビジネスマンなら、100回読んでも損はない！

孫子を知れば「駆け引き」と「段取り」に圧倒的に強くなる！

T10122